Adelheid Garg

„Zum ewigen Frieden". Ausgewählte Texte aus vier Jahrtausenden.

Reihe Zukunftsperspektiven, A. Garg (Hg.) Band 2

Adelheid Garg, Dr. phil. Ludwig-Maximilians-Universität München, ist Philosophin, Kulturpsychologin und Politikwissenschaftlerin; sie hat in Forschung und Lehre wissenschaftlich in und über Afrika und als Delegierte des Internationalen Roten Kreuzes in Afrika gearbeitet; sie war Gründerin und Leiterin von ARIDELA, Institut für Interkulturelle Zusammenarbei

Pax

Allegorie der guten Regierung. Detail

Ambrogio Lorenzetti, 1337-1339, Palazzo Pubblico, Siena

Adelheid Garg

"Zum ewigen Frieden"

Ausgewählte Texte aus

vier Jahrtausenden

Reihe Zukunftsperspektiven, Band 2

Verlag: BoD · Books on Demand GmbH, In de Tarpen 42, 22848 Norderstedt, bod@bod.de

Druck: Libri Plureos GmbH, Friedensallee 273, 22763 Hamburg

ISBN: 978-3-7693-5287-0

Die Deutsche Nationalbibliothek verzeichnet dieses Werk in der Deutschen Nationalbibliographie; detaillierte bibliographische Daten sind im Internet über https://www.dnb.de abrufbar.

"L'amor che move il sole e l'altre stelle""

(Dante, Divina Commedia II, XXXIII)

Für Joseph Benedict Prabhu und Karl und Edeltrud Garg

Inhalt

I

II

III

p 113

Vereinte Nationen, *Allgemeine Erklärung der Menschenrechte.* Generalversammlung: Resolution 217 (A), 10.12.1948

p 125

Organisation für die Einheit Afrikas (OAU) / Afrikanische Union (AU), *Charter: Präambel.* Addis Ababa, 25. Mai 1963

p 127

Ubuntu

p 129

Mogobe Bernard Ramose, *Den Kosmopolitismus transzendieren: die Grenze als Ort der Verbindung.* Südafrika 2014

p 133

Wilhelm von Humboldt, *Über den Dualis. Berlin 26. April 1827; Über den Charakter Griechen, die idealische und historische Ansicht desselben. 1807* p 143

Sir Karl Popper, *Duldsamkeit und intellektuelle Verantwortlichkeit (gestohlen von Xenophanes und Voltaire).* Tübingen 26. Mai 1981

p 163

Gotthold Ephraim Lessing, *Nathan der Weise: Ringparabel.* Berlin 1*779*

IV

P 173

Voltaire, *Candide oder der Optimismus. Dreißigstes Kapitel 1758/1759*

P 175

Kofi Annan, Amartya Sen, Richard von Weizsäcker u.a., *Neubewertung des Begriffs „Feind".* New Jersey 2001

p 187

Josep Prabhu, *Inter-Being: Humanity in an Ecological Age.* Claremont 2019

V

Vorwort

„Zum ewigen Frieden. Ob diese satirische Überschrift auf dem Schilde jenes holländischen Gastwirths, worauf ein Kirchhof gemalt war, die *Menschen* überhaupt, oder besonders die Staatsoberhäupter, die des Krieges nie satt werden können, oder gar wohl nur die Philosophen gelte, die jenen süßen Traum träumen, mag dahin gestellt sein." (Immanuel Kant, *Zum ewigen Frieden. 1795)*

Frieden -der Begriff wie das Phänomen, das er beschreibt- ist vielschichtig und komplex: Zustand und/oder Prozess, staatliches und zwischenstaatliches Regelwerk zur Befestigung von Macht und inneren Befriedung multiethnischer Imperien, innerer Fluchtpunkt und Widerstand gegen Fremdbestimmung und oppressive politische Macht, Ziel innerer Verfasstheit des Einzelnen in seinen lebensweltlichen und transzendierenden Bezügen. Der Wunsch nach Frieden, das wechselseitige Friedensangebot gehören zu Begrüßungsritualen vieler Kulturen weltweit.

Berühmte Friedenskonzept entstanden in Bedrängnis und unter Fremdherrschaft – wie beispielsweise das jüdisch-christliche *Magnificat,* Gandhis *Satyagraha,* Nelson Mandelas Antiapartheid-Politik-, nach vernichtenden Kriegen -wie der *Westphälische Friede,* die *Europäische Konvention zum Schutz der Menschenrechte und Grundrechte,* die Vereinten Nationen, die

1

Europäische Union und die Afrikanische Union und ihre Charten-, zur Befriedung gewaltsam gegründeter multikultureller Imperien wie die *Pax Augusta/Pax Romana* des Römischen Reichs und die *Pillar Edicts* des indischen Kaisers Ashoka.

Vom Gründer Indiens im 3. Jh. v. Chr. wird berichtet, die Erfahrung nicht zuletzt der eigenen Brutalität bei der Unterwerfung Kashingas habe ihn derartig angewidert, dass er künftig alle Lebewesen unter Schutz stellte, die Tötung und den Verzehr von Tieren streng limitierte und zum Buddhismus konvertierte.

Im Europa Kants hatten gewaltige Kosten für die Söldnerarmeen in Kriegen um dynastische Vorherrschaft auf dem Kontinent und in den außereuropäischen Kolonien Untertanen verarmen lassen und hohen Blutzoll gefordert. Ein 30-ähriger Krieg (1618-1648) um dynastische und religionspolitische Vorherrschaft weite Regionen verwüstet und entvölkert: durchziehende, plündernde und marodierende Heere hatten das Land auf Jahre hin landwirtschaftlich nicht mehr nutzbar gemacht; ca 40%, in einigen Regionen bis zu 70% der ländlichen Bevölkerungen waren in Kriegshandlungen, Hungersnöten und Epidemien umgekommen; Barbarei war vielerorts allgegenwärtig.

Im Friedensvertrag von Osnabrück und Münster war es bis heute beispielhaft gelungen, alle Konfliktparteien -die Anhänger der Katholischen Liga wie die der Protestantischen Union, die der Habsburger wie die der Bourbonen und die Stände- ungeachtet ihrer territorialen Größe, wirtschaftlichen und militärischen Macht – rechtsverbindlich in den Friedensschluss einzubeziehen. Der *Westphälische Friede* -er verpflichtet u.a. zum „immerwährenden Vergessen"- wurde Rechtsgrundlage im Hl. Römischen Reich bis zu dessen Ende mit der Aufgabe der

Kaiserwürde durch den Habsburger Franz II im Jahr 1806.

Gleichwohl blieb der Friede nicht von Dauer. Inmitten des Erbfolgekriegs zwischen Habsburgern und Bourbonen initiiert Abbé Castel de Saint-Pierre 1712 ein *Projet de la Paix Perpétuelle Pour l'Europe* als föderalen Staatenbund mit supranationalen Elementen, namentlich eines gemeinsamen Militärs und einer gemeinsamen Legislative. Bemerkenswert auch: Saint-Pierre bezieht afrikanische Königreiche mit ein.

„ ‚s ist Krieg! ‚s ist Krieg! O Gottes Engel wehre, Und rede du darein! ‚s ist leider Krieg und ich begehre, Nicht schuld daran zu sein." In den Zeilen aus Matthias Claudius *Kriegslied* -1774 noch unter dem Eindruck des 7-ährigen Krieges (1756-1763) - klingt die Aufklärung und ihre Ent-Deckung des Subjekts als Akteur in der Geschichte mit.

In der Folgezeit werden mit der Einrichtung der allgemeinen Wehrpflicht für die Bürger der nachnapoleonischen Nationalstaaten Massenarmeen in zuvor unbekanntem Ausmaß zur Verfügung stehen und die Kriegführung verändern.

Kant hofft in seinem Spätwerk, 1795, in Zeiten der Französischen Revolution, die Monarchien wanken ließ und den Absolutismus in Europa beendete, auf ein föderales Bündnis republikanisch verfasster Staaten zur Entwicklung und Sicherung des Friedens in der damals bekannten globalen Welt, auf einen Staatenbund und ein „Weltbürgerrecht". Für den Aufenthalt in fremden Ländern solle ein „Besuchsrecht" gelten; angesichts des „inhospitalen Betragens" vornehmlich Handel treibender Staaten- „der Eroberung zu Erschrecken gleich"-, will er nicht von „Gastrecht" sprechen. Kant sieht im „Interesse" ein von der Natur angelegtes

Movens zum Frieden, in der Annahme, dass miteinander Handel treibende Staaten kein Interesse haben können, gegeneinander Krieg zu führen.

Im 20. Jahrhundert wird nach dem 1. Weltkrieg mit dem Völkerbund und den Vereinten Nationen als seiner Nachfolgeorganisation nach dem 2. Weltkrieg ein globaler und föderaler Staatenbund gegründet werden: zur künftigen Sicherung des Weltfriedens und zur Neustrukturierung des internationalen Systems nach dem sich 1945 abzeichnenden Ende des europäischen Kolonialismus: „im Glauben an die Grundrechte des Menschen, an Würde und Wert der menschlichen Persönlichkeit, an die Gleichberechtigung von Mann und Frau, sowie von allen Nationen, ob groß oder klein". (Präambel der UN-Charter).

Die in der 1948 folgenden *Deklaration der Menschenrechte* der UN-Generalversammlung definierten Rechte sind im Unterschied zu denen 1950/1 vom Europarat in der *Europäischen Konvention für den Schutz der Menschenrechte und Grundrechte* (EMRK) nicht rechtlich einklagbar. Bei Verstößen gegen die EMRK steht Bürgern der Mitgliedstaaten des Europarats der Rechtsweg zum Europäischen Gerichtshof für Menschenrechte (EGMR) in Strasburg offen. Die EMRK wurde seit ihrer Ratifizierung um mehrere Zusatzartikel ergänzt, u.a. um das Verbot der Todesstrafe. Die Bundesrepublik Deutschland bekennt sich in ihrem Grundgesetz 1949 zu „unveräußerlichen Menschrechten als Grundlage jeder menschlichen Gemeinschaft, des Friedens und der Gerechtigkeit". (GG Art1,2)

Föderal strukturiert, mit supranationalen Elementen, sind nach dem 2. Weltkrieg gegründete regionale Staatenbündnisse: in Europa die Europäische Union (EU), auf dem afrikanischen Kontinent die Organisation für die Einheit Afrikas (OAU)/ heute Afrikanische Union (AU). Friede und wirtschaftliche Entwicklung und regionale Einheit sind ausdrückliche Zielvorgaben.

EU nimmt in ihre *Charta der Grundrechte der Europäischen Union* im Jahr 2000 zusätzliche Rechte auf, darunter Umweltschutzschutz, Datenschutz, Kinder- und Jugendschutz, Gesundheitsschutz, Solidarität. Mit dem Vertrag von Lissabon ist die Charta rechtlich bindend; Verstöße sind am Europäischen Gerichtshof in Luxemburg (EuGH) einklagbar.

AU erklärt in ihrer *African Charter on Human and Peoples' Rights* neben Personen und Staaten auch Gruppen zu Rechtsträgern. AU entspricht damit den Realitäten multikultureller und- ethnischer Staaten Afrikas in von den Kolonialmächten willkürlich gezogenen Grenzen und bringt ein innovatives Moment in das Völkerrecht ein. Rechtsverstöße sind am *African Court for Human and Peoples' Rights* in Arusha, Tanzania einklagbar.

Die Friedensforschung in der bipolaren Welt nach dem 2. Weltkrieg hatte die Bedeutung von Feindbildern als Instrument der rivalisierenden Blöcke untersucht. Die Beendigung des sg. Kalten Kriegs eröffnete die Perspektive nicht-exkludierender globaler Vielfalt. Umwelt-, wirtschafts- und sicherheitspolitische Herausforderungen des 21. Jh. erfordern die Abkehr von Null-Summen-Spielen und die Entwicklung eines kommunikativen, integrativen, kultur- und interessenübergreifenden Friedensbegriff zur Sicherung der Lebensgrundlagen des Menschen- seiner individuellen Einzigartigkeit wie der menschlichen Gemeinschaft – auf unserem blauen Planeten. „Süßer Traum der Philosophen", staatsmännisches Edict, zwischenstaatliche Absichtserklärung, Vertrag, religiöses oder kulturelles Narrativ, Sehnsucht der Menschen: die hier ohne Anspruch auf Vollständigkeit ausgewählten und unkommentiert wiedergegebenen Texte – eine Analyse der Pax Augusta/Pax Romana, um nur ein Beispiel zu nennen, würde den Rahmen dieses Readers sprengen – markieren einige Eckpunkte der Gestaltung und Sicherung von Frieden.

: Friede aus intrinsischer Motivation, transzendierender Begründung oder kommunikativer Vernunft, entstanden und gesichert unter dem Schild nicht nur, wenn überhaupt, militärischer Macht. Um Pablo Picassos berühmtes Bild vom Krieger zu zitieren: Lanze und Waage in seiner rechten, den Schild mit dem Gesicht des Friedens in seiner linken Hand,

: Friede unter dem Schild friedenstiftender und -sichernder Lebenswelten. *Pax* wie im Fresko Lorenzettis im Ratssaal des Palazzo Pubblico in Siena: ruhend, die Weisheit - die Gerechtigkeit in den Händen haltend - über ihr.

Die Auswahl der Texte aus vier Jahrtausenden erinnert an ein uns Menschen gemeinsames zivilisatorisches und zukunftstiftendes Erbe, das es angesichts der sich abzeichnenden Verschränkung autoritärer und autokratischer Politikstile mit ökonomischer und informationstechnologischer Macht zu heben, zu schützen und weiterzuentwickeln gilt. Perspektivwechsel eröffnen inspirierende Aspekte eines „kritischen Pluralismus" (Karl Popper), eines „Im-Offenen-Wohnen" (Achille Mbembe), des „Du" als einem „Nicht-Ich in einer Sphäre gemeinsamen Handelns" (Wilhelm von Humboldt), des Wechsels des Focus vom „Being" zum „Inter-Being", vom Sein zu den es konstituierenden Beziehungen (Joseph Prabhu).

Konfuzius (5./6.Jh.v. Chr.)

Der Edle kennt drei Freuden, und die Herrschaft über die Welt ist nicht darunter

Verhalten zu Feinden

Mong Dsi sprach: ,Wodurch der Edle sich von andern Menschen unterscheidet, ist das, was er im Herzen hegt. Er hegt Gütigkeit im Herzen, er hegt Anstand im Herzen. Der Gütige liebt die Menschen; wer Anstand hat, achtet die Menschen. Wer andere liebt, den lieben die andern auch wieder. Ist nun einer da, der mich quer und unfreundlich behandelt, so werde ich, wenn ich edel denke, sicher in mich gehen und mich fragen: Sicher war ich auch gütig, sicher habe ich den Anstand verletzt. Warum nur musste das mir zustoßen? Wenn ich in mich gegangen und gütig bin, wenn ich in mich gegangen bin und Anstand habe, und jener fährt fort, mich quer und unfreundlich zu behandeln, so werde ich als Edler sicher in mich gehen und mich fragen: Sicher war ich nicht gewissenhaft. Wenn ich in mich gegangen und gewissenhaft bin, und jener fährt fort, mich quer und unfreundlich zu behandeln, so werde ich als Edler sagen: Dieser Mensch weiß nicht, was er tut. Damit steht er für mich einem Tiere gleich. Was wollte ich aber mit einem Tiere mir Schwierigkeiten machen.

Darum ist der Edle sein Leben lang besorgt, aber er ist nicht einen Morgen lang betrübt. (...)   Aber etwas, das den Edlen betrüben könnte, gibt es nicht. Was nicht der Gütigkeit entspricht, das tut er nicht, wie es nicht dem Anstand entspricht, so handelt er nicht. Und wenn er dann doch auf eines morgens Dauer Betrübnis hätte, so ist der Edle nicht betrübt darüber.'

Freundschaft

Wan Dschang sprach: ‚Darf ich nach dem Wesen der Freundschaft fragen? Mong Dsi sprach: In der Freundschaft darf man sich nichts einbilden auf Alter, nichts einbilden auf Rang, nichts einbilden auf seine Verwandtschaft. Sucht man einen Freund, so ist es sein Charakter, den man sucht, jeder Gedanke an Äußeres muss fern bleinen.'

Die menschliche Natur

Mong Dsi sprach: ‚Die natürlichen Triebe tragen den Keim zum Guten in sich; das ist damit gemeint, wenn die Natur gut genannt wird. Wenn einer Böses tut, so liegt der Fehler nicht in seiner Veranlagung. Das Gefühl des Mitleids ist allen Menschen eigen, das Gefühl der Scham und Abneigung ist allen Menschen eigen, *das Gefühl der Achtung und Ehrerbietung ist allen Menschen* eigen, das Gefühl der Billigung und Missbilligung ist allen Menschen eigen. Das Gefühl des Mitleids führt zur Liebe, das

Gefühl der Scham und Abneigung zur Pflicht, das Gefühl der Achtung und Ehrerbietung zur Schicklichkeit, das Gefühl der Billigung und Missbilligung zur Weisheit. Liebe, Pflicht, Schicklichkeit und Weisheit sind nicht von außen her uns eingetrichtert, sie sind unser ursprünglicher Besitz, die Menschen denken nur nicht daran. Darum heißt es: ‚Wer sucht, bekommt sie; wer sie liegen lässt, verliert sie.' Dass so große Unterschiede vorhanden sind, dass manche doppelt, fünffach, ja unendlich mehr besitzen als andere, kommt nur davon her, dass diese ihre Anlagen nicht erschöpfend zur Darstellung bringen.'

Die drei Freuden

Mong Dsi sprach; „Der Edle kennt drei Freuden, und die Herrschaft über die Welt ist nicht darunter. Wenn Vater und Mutter beide noch leben und er bei seinen Brüdern im Frieden wohnt, das ist die erste Freude. Wenn er an Gott emporblicken kann mit gutem Gewissen und den Menschen ins Auge sehen kann, ohne erröten zu müssen: das ist die zweite Freude. Wenn er die bestbegabten Jünglinge auf Erden zum Unterricht und zur Belehrung anvertraut bekommt: das ist die dritte Freude. Der Edle kennt drei Freuden, und die Herrschaft über die Welt ist nicht darunter.

Aus den Lehren des Mong Dsi, Philosoph des Konfuzianismus

Zitiert aus: Richard Reschika, *Das gute Leben. Die Glücksregeln der großen Religionen.* Herder, Freiburg 2011, pp 222-223

Pillar Edicts und Rock Edicts Kaiser Ashokas,

Indien (3. Jh. v. Chr.)

"For I want everyone to abstain from harm, to exercise self-control, and to be calm and gentle. (...)... and consider the victory that bears fruit both in this world and the next. And let them take pleasure in this effort." (Ashoka, Kalinga Edict)

Ashokas Gesandte errichten ein Pillar Edict in Laudiya Nandagrah, 244 v.Chr.

Quelle: Wikimedia Commons

Pillar Edicts und Rock Edicts, in einem Zeitraum von etwa 17 Jahren entstanden und über das ganze Land verteilt, markieren das Ethos, mit dem Kaiser Ashoka im 3. Jh. v. Chr. das antike Großreich zu befrieden suchte. Die Edikte im umgangssprachlichen Prakrits, nicht in der Hochsprache Sanskrit, in Griechisch und Aramäisch tragen den Charakter von Empfehlungen eher denn von monarchischen Diktaten: Tolerierung aller Religionen und Höflichkeit gegenüber Brahmanen und Sramanen (Priestern und Mönchen), Ehrung von Eltern und Lehrern, faire Behandlung von Dienern, Armen und Gefangenen, Begrenzung von Konsum und Zeremonien, Wahrhaftigkeit und Selbstkontrolle.

Ashoka war nach der blutigen und verlustreichen Unterwerfung Kalingas (262 v. Chr.) berichtsweise in eine persönliche Krise geraten, angewidert von den erlebten, auch selbst begangenen Gräueln, und zum Buddhismus konvertiert. Im Rocket Edict XIII, dem sg. Kalinga-Edict, (261 v. Chr.) bereut er das Töten, die Deportationen und das in die menschlichen Gemeinschaften gebrachte Unglück; seine Edikte zielen auf den Schutz alles menschlichen Lebens; der damals offenbar massehafte Verzehr von Tieren bei Feierlichkeiten wird untersagt und die Tötung von Tieren restriktiv reglementiert.

Ashoka gilt als Gründer und Einer Indiens. Pandit Nehru, 1947 erster Ministerpräsiden des unabhängigen Indien wählte das Hoheitszeichen – drei Löwen – und das Dhamma-Rad auf Ashokas Säulen zum Hoheitszeichen der Republik Indien resp. zum nationalen Symbol in ihrer Flagge.

Rocket Edict XIII (The Kalinga Edict) 258-265 BCE

„In the eighth year of my reign, I conquered Kalinga. A hundred and fifty thousand people were deported, a hundred thousand were killed, any many more died from other causes.

After Kalinga was conquered, I began to earnestly practice Dhamma, love Dhamma and instruct the people in Dhamma. I felt deep remorse for the killing, death and deportation of people, which always happens when a country is conquered. But what is even worse is that the people who live there – whether Brahmins, Sramanas or people belonging to other communities, householders who are obedient to their superiors; mothers and fathers and teachers; and people who are courteous to their friends, friends, acquaintances, colleagues, relatives, slaves and servants - were also wounded or killed or saw their loved ones deported.

Even those who are lucky to have escaped...still suffer seeing the misfortunes of their friends, acquaintances, colleagues and relatives. I consider this deplorable. There is no country (except among the Greeks where there are no Brahmins and Sramanas) where people do not follow some religion. Therefore, even if a hundredth or a thousandth part of those people who were killed or died or were deported were to suffer, I would still consider it deplorable.

I will try to conciliate the forest tribes of my empire and reason with them to act properly, but I warn them that despite my remorse, I hold power and ask them to repent; otherwise, they will be killed. For I want everyone to abstain from harm, to exercise self-control, and to be calm and gentle.

I have won the victory of Dhamma both here and on all my

frontiers.... To the country where the Greek king Antiochos rules, and ever farther, to where the Kings Ptolemy, Antigonos, Magas and Alexander rule. The victory of Dhamma also extends south to the land of the Cholas, the Pandyas and as far as Tamraparm. Within my Empire, the Greeks, the Kambojas, the Nabhakas, the Nabhapamkits, the Bhojas, the Pitinikas, the Andhras and the Palias- everywhere people are conforming to my instructions in Dhamma. Even in places my ambassadors (of Dhamma) have not visited, the people have heard of Dhamma and are following my instructions and will continue to do so. The conquest has been won everywhere, and it gives me great satisfaction, the satisfaction that can come only from the victory of Dhamma. But even this joy is not important, since only the fruits of Dhamma in the other world are important.

I have had this Dhamma inscription written so that my sons and great-grandsons may not think they have to make new military conquests, or if they do, they should take pleasure in mercy and mild punishments and consider the victory that bears fruit both in this world and the next. And let them take pleasure in this effort."

Kandahar Bilingual Rock Inscription

"Ten years after I came to the throne, I told people about the doctrine of Dhamma (*eusebeia*). And from then on people have become more pious and everything prospered throughout the world. I have stopped killing living things myself, and other men, including those who were the king's hunters and fishermen, have likewise stopped hunting and fishing. And people who had no self-control have gained self-contained self-control to the extent that they could and became obedient to their fathers and mothers and to their elders, which wasn't the case before. And by doing these things in the future, they will live better and happier lives."

Rock Edict I

"Here no living being is to be killed and sacrificed and no festivals are to be held. For I see much evil in festivals, though there are some I approve of. Formerly, in my kitchen, hundreds of thousands of animals were killed daily for mear but now, writing this inscription, only three animals are killed, two peacocks and one deer, and the deer not all the time. And even these three animals will not be killed in future. "

Minor Rock Edict I (Combined Version)

"It is now more than two and a half years since. I became a lay follower of the Buddha (*upasaka*), but until now I did not make much progress. But now that I have visited the Sangha for more than a year, I have drawn closer to the order and become more zealous. The people in Jambudvipa (India) who have not associated with the gods can now do so. This is something that can be obtained not only by the great but by the humble who, if they are earnest, can reach heaven.

And this proclamation has been made for this reason: to let both the humble and the great make progress and let even those in the borderlands know that this progress is lasting. Then their dedication will increase.

This matter must be inscribed here and elsewhere in the hills, and wherever there is a stone pillar it should be inscribed on that pillar. You must take this document throughout the length and breadth of your district. This announcement has been made while I have been on tour – 256 nights in all."

Rock Edict II

"Everywhere in my domains and even in the lands on my borders, those of the Cholas, the Pandyas, the Satiyapura, the Keralaputra, even Tamraparni, the Greek king Antiochus II, and the other kings who are his neighbours, everywhere I provided two kinds of medical services for people and for animals. And when no medical plants were available, I had them brought in and planted, together with roots and fruits. Along the roadside trees were planted, and wells dug for the use of both people and animals."

Minor Rock Edict II (Excerpt)

"The *rajuka* should first assemble people of the countryside and the local chiefs by sounding drums and then instruct them to obey their mothers and fathers and their teachers, to have mercy on living beings and to speak the truth. These virtues of Dhamma should be followed.

They should also ensure that elephant trainers, scribes, chariot drivers and Brahmins instruct their apprentices, according to ancient tradition, by honouring their masters. Within a family, relatives must treat each other with respect. This is the ancient custom, which leads to a long life, and so it must be carried out.

Carved by the engraver Capada (the only inscription where the engraver left his name)."

Pillar Edict II

"Dhamma is a good thing, but what does it mean? It means having few faults and performing many virtuous acts, having compassion, showing charity, being truthful and pure. I have been given the gift of spiritual insight in many forms. I have conferred many benefits on people and animals, on birds and fish, even saving their lives, and I have performed many virtuous deeds. I have had this inscription on Dhamma written so that people might follow it and that it might last a long time and that those who follow it will also do good deeds."

Major Pillar Edict III

"People only notice their own good deeds, thinking ' I have done something virtuous', but they don't notice their evil deeds and say to themselves 'I have done a bad thing' or' This is really a sin.' Now to be aware of this is very hard, but still, one should be aware and think: 'Cruelty, anger, pride and envy are sins. Don't let them be the cause of my ruin.' And one should especially take notice of one's own actions, thinking, 'this will lead to my happiness in this world and to my happiness in the next."

Rock Edict IV (Excerpt)

"In the past, for hundreds of years killing animals, harming living beings, disrespect towards relatives, and rudeness to Sramanas and Brahmins were on the rise. But today, thanks to my practice of Dhamma, the sound of drums has become the sound of Dhamma, showing people displays of heavenly chariots, elephants, balls of fire and other divine figures. Through my

17

instructions in Dhamma, abstention from killing and harming living beings, courtesy to relatives, Brahmins and Sramanas, obedience to mother and father, and obedience to elders have all increased."

Pillar Edict V

"In the 26th year of my reign, I forbade the killing of the following animals and birds: parrots, mynahs, red-headed ducks, wild geese, swans, nandi-mukhi, pigeons, bats, ants, tortoises, boneless fish, vedaveyaka , pupusas of the Ganges (?), skate, porcupines, squirrels, lizards, domesticated animals, rhinoceroses, white pigeons, domestic pigeons and all animals that are neither useful nor edible. Nanny goats, ewes and sows which are carrying young or are milking them are not be killed, nor are animals less than six months old. Roosters must not be castrated. Straw that contains living things should be not be set on fire. Forests should not be burned to kill animals or without a good reason. An animal must not be fed to another animal.

Fish must not be caught or sold on certain days the first full-moon days of the three four-monthly seasons; for three days when the full moon falls on the star Tisya; on the fourteenth and fifteenth days of the bright fortnight and the first day of the dark fortnight; and on all fast days. And on these same days, no animals that are in the elephant park and fisheries should be killed nor should other species of animals be killed on the eighths, fourteenth and fifteenth days of the fortnight, on the days of the stars Tisya and Punarvasu, on the first three full moons of the seasons, and on festival and fast days. Bulls, goats, rams, boars and other animals that are usually castrated are not to be castrated on these days. On the days of the stars Tisya and Punarvasu, on the first full moon days of the seasons, and on the following fortnight, cattle and horses are not to be branded."

Rock Edict V (Excerpt)

"In the past there were no officers of Dhamma (*mahamattas*) but I started appointing them in the thirteenth year of my reign. Now they are busy establishing Dhamma among the religions and attending in the welfare and happiness of those who are devoted to Dhamma – even among the Greeks, the Kambojas, the Gandharans, the Rishtikas, the Pitinakas and other people on my western frontiers. They are busy promoting Dhamma among servants and masters, among Brahmins and merchants, among the poor and the elderly. They are working for the welfare and happiness of those who are devoted to Dhamma so that they may be free of harassment. They are busy supporting prisoners and releasing those that have children or are bewitched or aged. They are busy everywhere – in Pataliputra and outlying districts, in my brother's harems, in the homes of our sisters and other relatives. They are active everywhere in my realm to determine whether people are eager to practice Dhamma and are properly devoted to charity."

Pillar Edict VII (Excerpt)

"In the past, kings tried to make people grow through the promotion of Dhamma, but they did not. How then, I asked myself, could I encourage people to follow Dhamma and grow through devotion to Dhamma? How could I do this by promoting Dhamma?....I decided to issue proclamation on Dhamma and other instructions on Dhamma and I appointed officials to encourage them and explain Dhamma to them. I also ordered the *rajukas* (rural officials), who are appointed over hundreds of thousands of people, to promote Dhamma. With this in mind, I have set up pillars of Dhamma, appointed officers of Dhamma (*mahamattas)* and issued proclamations of Dhamma."

Rock Edict VIII

"In the past kings went on pleasure tours where they hunted and enjoyed other pastimes. In the tenth year of my reign, I went to the Sambodhi (Bodh Gaya; the place where the Buddha attained enlightenment). From then on I began making tours connected with Dhamma. While on these tours I meet ascetics and Brahmins and elderly people and give them gifts. I also meet with people in the countryside, instruct them in Dhamma and answer their questions about it. I derive more pleasure them than any other activity."

Rock Edict IX (Excerpt)

"People conduct various ceremonies (*samaja)* during illnesses, at their children's weddings, at the birth of a son and when setting out on a journey. Women especially perform many of these ceremonies, which are trivial and useless... The only ceremony that has great value is that of Dhamma. This includes the appropriate treatment of slaves and servants, respect for elders, kindness to animals and liberal donations to Sramanas and Brahmins."

Rock Edict X

"I do not believe that fame or glory gibe me much advantage except insofar as they induce people to obey Dhamma and follow its path. And whatever effort I am making, it is done for the sake of the afterlife so that people may run little danger (9f not attaining it). But it is difficult for people to do this, be they humble or highly placed, without making an extreme effort and giving up everything else. And it is especially difficult for the highly placed."

Major Rock Edict XI

"There is no gift comparable to the gift of Dhamma, the declaration of Dhamma and fellowship in Dhamma. And this means the following: courteous behaviour towards slaves and servants; obedience to mother and father; liberality to friends, acquaintances and relatives and to Sramanas and Brahmins and abstention from killing animals. A father or a son or a brother or a teacher or a friend or an acquaintance or even a neighbour should say, 'This is a good idea. This what we should do,' and in this way, through the gift of Dhamma, they will attain happiness in this world and infinite merit in the next."

Rock Edict XII

"The King honours the ascetics and laypeople of all religious communities with gifts and various honours, but he does not consider this to be as important as promoting the essential doctrine of all religions. This can be done in many ways, but its root is to control one's own speech by not praising one's own religion or disparaging that of others on inappropriate occasions, or at least to do so with moderation. By doing this, a person is promoting his own religion and another person's religion as well, he is increasing the influence of his own religion and benefitting that of others. Acting otherwise harms both one's own religion and that of others...Therefore, concord alone is commendable, so that people may hear about each other's principles and follow them. This is my wish: that all religions should be well informed and pure in doctrine and that their followers should be told 'The king does not consider gifts or honour to be as important as the promotion of the essential doctrines of all religions.' And many officials have been appointed for this purpose: the officials of Dhamma, of women, of farms and others."

Inscription on the Rummindei (Lumbini) Pillar

"In the twentieth year of my reign, I came here in person to revere the place where Buddha Sakyamuni was born. Here I built a stone enclosure and a pillar. Because the Lord was born here, I have exempted the village of Lumbini from tax and fixed its contribution of grain at one-eighth."

Minor Rock Edict at Bairat

"The Magadha King Priyadarsini, having saluted the Sangha, hopes they are well and comfortable. You know the depth of my respect for and faith in the Buddha, the Dhamma and the Sangha. Sirs, whatever was spoken by the Lord Buddha was well spoken. But let me tell you what I believe contributes to the long survival of the Buddhist Dhamma. I want monks and nuns to listen to the following sermons. Laymen and laywomen should also doe so. "

Minor Pillar Edict (Sanchi)

"No one should cause dissension in the Sangha. The Sangha of monks and nuns has been united and should be united as long as my sons and great-grandsons reign and as long as the moon and the sun shine. The monk or nun who breaks up the Sangha must put on white robes and live apart from other monks and nuns. For it is my wish that the Order remains united and lasts a long time."

Edict at Dhauli

"You officials need to be told that I try to accomplish what I see as right by various means, and the main way of doing this is to give you instructions. You oversee thousands of people and need to gain their affection. All people are my children and, just as I want my children to prosper and be happy in this world and the next, I want the same for everyone.
But you do not realize how far my intention goes. Perhaps one of you may realize it but even then, only in part. So pay attention, even though you may be well provided for yourself ....The most important thing is to be even tempered and not rash in your work. In the administration of justice, it often happens that a person is imprisoned and tortured, but sometimes is accidentally released from prison while many others continue to languish. In this case, you should strive to be impartial. But you cannot be impartial if you are jealous, angry, cruel, headstrong, stubborn, lazy or unenergetic. A person who is negligent in the administration of justice will not act but you ought to strive, act and move forward with your official duties. Make sure you repay the debt you owe to the king. Following this instruction bears great fruit; ignoring it creates great harm, for in doing so, you will gain neither heaven nor the favour of the king..."

Zitiert aus: Colleen Taylor Sen, *Ashoka and the Maurya Dynasty. The History and Legacy of Ancient India's Greatest Empire.* Reaktion Books, London 2022, pp 106-128

Ashoka Pillar mit Löwen-Kapitell im Kamala Nehru Park in Mumbai

Ovid

Philemon und Baucis (1. Jh. n. Chr.)

„Aber vor allem ladet der heitere Blick, und ein Herz, nicht träge
noch kargend."

„Jupiter kam hierher, wie ein Sterblicher, und mit dem Vater

Sein stabtragender Sohn Merkurius, ohne Gefieder.

Tausend Wohnungen nahn sie, um Obdach bittend und Ruhe;

Tausend Wohnungen sperren das Schloß: Ein Häuschen empfängt sie,

Zwar sehr klein, mit Halmen gedeckt und Rohre des Sumpfes,

Aber die redliche Baucis, und gleich an Alter Philemon,

Beide verlebeten dort die blühende Jugend, und beide

Alterten dort allmählich. Die Armut, offen bekennend,

Machten sie leicht und erträglich mit nicht unwilliger Seele.

Gleichviel, ob du den Herrn dort aufsuchst, oder den Diener:

Zween sind das sämtliche Haus; und dieselbigen tun und befehlen.

Als nun das himmlische Paar sich genaht der ärmlichen Wohnung,

Und, die Scheitel gebückt, zur niedrigen Pforte hineinging,

Heißt sie der freundliche Greis ausruhn auf gestelletem Sessel,

Den mit grobem Gewebe die emsige Baucis bedeckte.

Drauf, dem Herde genaht, zerwühlt sie die lauliche Asche,

Weckt das gestrige Feuer, mit Laub und trockener Rinde

Nährend, und bläst aus dem Rauche mit keuchendem Atem die Flammen.

Kleingespaltenes Holz und gedörrtes Reis von dem Boden

Trägt sie herab, und zerknickt's, und legt es dem Kesselchen unter.

Auch was der Mann an Gemüs' im gewässerten Garten gesammelt,

Blättert sie ab. Doch jener mit zweigehörnter Gaffel

Hebt den beräucherten Rücken des Schweins von der niedrigen Latte,

Wo er ihn lange gespart, und schneidet ein Stück von der Schulter,

Weniges nur, und zähmet den Schnitt in der brausenden Wallung.

Beide verkürzen indes die Zwischenstund' in Gesprächen,

Dass den Verzug nicht fühlen die Fremdlinge. Nahe dem Herde

Hing die buchene Wann' am Pflock mit gebogenem Handgriff.

Diese, mit laulichem Wasser gefüllt, empfänget die Glieder

Bähend. Es steht in der Mitte, von fedrigen Kolben des Teichschilfs

Weich ein Lager gestopft, das Gestell und die Fülle von Weiden.

Dieses umhüllen sie nun mit Teppichen, die sie gewöhnlich

Nur am festlichen Tag' ausbreiteten; aber auch diese

Waren schlecht und veraltet, der weidenen Flechte unwert.

Hierauf ruhn die Götter. Geschürzt dann stellet und zitternd

Baucis den Tisch , doch einer der drei Tischfüße war ungleich,

Bald macht gleich ihn die Scherbe: da untergefügt sie den Höcker

Heilete, jetzo reibt den geebneten grünende Minze.

Aufgetischt wird dann die gesprenkelte Beere der Pallas,

Auch des Herbstes Kornelle, bewahrt in geklärter Lake;

Rettich, Endivien auch, und Milch zu Käse gerundet;

Eier zugleich, vorsichtig in warmer Asche gewendet:

Alles auf irdnem Geschirr. Der aus Ton geformte Milchkrug

Prangt nun bunt auf der Tafel, und buchene Becher, mit Zierat

Voll geschnitzt, und die Höhlung mit gelblichem Wachse gefirnißt.

Wenige Frist, da sendet der Herd die dampfenden Speisen,

Wieder enthebt man jetzo die nicht hochaltrigen Weine;

Dass sie, entfernt ein kleines, den Raum nicht engen dem Nachtisch.

Hier ist Nuß, hier ist Feige, gemischt mit runzligen Datteln,

Pflaumen im kleineren Korb', im größeren duftende Äpfel,

Und großbeerige Trauben, von Purpurreben gesammelt;

Mitten die weißliche Scheibe des Honiges; aber vor allem

Ladet der heitere Blick , und ein Herz, nicht träge noch kargend.

Beide nun sehn, dass wie oft sie erschöpfeten, immer der Mischkrug

Wieder von selbst sich füllt, und der Wein freiwillig heranwächst.

Staunend vor Angst und bestürzt, und rückwärts hebend die Hände,

Flehen sie, Baucis zugleich, im Gebet, und der bange Philemon.

Dass sie mit Gnad anschauen das ungerüstete Gastmahl.

Jetzo die einzige Gans, die bei Nacht ihr winziges Häuschen

Hütete, trachten die Eigner den himmlischen Gästen zu opfern.

Jene, mit flatterndem Lauf vor dem langsam folgenden Alten,

Müdet sie lang' umtauschend, und fliehet zuletzt, wie um Rettung,

Zu den Unsterblichen selbst, und den Tod verbieten die Herrscher.

Wir sind Götter und tragen den unrechtschaffenen Nachbarn,

Sagten sie, würdigen Lohn. Doch euch vergönnen wir, teillos

Solcher Strafe zu sein. Verlasst nur eure Wohnung;

Folget unserem Schritt, und hinauf zu den Höhen des Berges

Gehet zugleich! – Sie gehorchen, und beid' auf Stäbe gestützet,

Streben sie weit hinauf mit mühsamen Tritten die Anhöh'n.

Jetzo dem Gipfel so fern, wie der Pfeil von der Senne geschnellet,

Abreicht, wenden sie bange den Blick; und in sumpfender Sintflut

Sehen sie alles versenkt; ihr eigenes Häuschen war übrig.

Während sie noch anstaunen, der Nachbarn Schicksal bejammernd;

Sieh! Die veraltete Hütte, zu klein auch zweien Bewohnern,

Wandelt zum Tempel sich um: für die Gaffeln ragt ein Gesäul auf:

Rötlich schimmerrt das Stroh, und wie Gold erscheinet der Giebel,

Bunt getrieben die Pfort', und gedeckt der Boden mit Marmor.

Jetzt mit ruhigem Antlitz begann Saturnus alao:

Sagt uns , redlicher Greis, und du des redlichen Mannes

Würdige, was ihr begehrt! – Mit Baucis redet Philemon

Weniges, öffnet den Himmlischen drauf den gemeinsamen Ratschluss:

Euere Priester zu sein, und euch zu pflegen des Tempels,

Werd' uns vergönnt! Und weil wir in Eintracht immer gelebet,

Lasst die selbige Stund' uns beid' hinnehmen, und niemals

Schau' ich die Gruft der Gattin hinfort, noch bestatte mich jene!

Gleich war Wunsch und Erfolg. Sie pflegeten beide des Tempels,

Ganz ihr Leben hindurch. Da, gelöst von Jahren und Alter,

Einst vor den heiligen Stufen vereint sie standen und sprachen

Über das Schicksal des Orts, sah Baucis in Laub den Philemon,

Sah der alte Philemon in Laub aufgrünen die Baucis,

Und wie nun beider Gesicht der laubige Wipfel emporwuchs:

Leb', o Trautester, wohl! Und o Trauteste! Riefen sie wechselnd,

Weil sie noch konnten, zugleich, und zugleich umhüllte das Antlitz

Beider Gebüsch. Noch zeigt der tyanischen Fluren Bewohner

Dort das heilige Paar als nachbarlich grünende Bäume.

Wahrheit liebende Greise (warum auch sollten sie täuschen?)

Haben mir solches erzählt. Auch sah ich die hängenden Kränze,

Selbst an den Ästen umher; und hängend den meinigen sagt ich:

Fromme sin Himmlischen wert, und Ehrende werden geehrt. „

Ovid, *Metamorphosen . VIII, Achelous, Philemon und Baucis.*

Zitiert aus: Publius Ovidius Naso, *Metamorphosen.* Insel Verlag Frankfurt am Main, 1990 pp 207-210

Die *Bergpredigt,*

im Matthäus-Evangelium in der 2. Hälfte des 1. Jh. n. Chr. niedergeschrieben, gibt die jesuanische Ethik und Neuinterpretation der Tora wieder. (Matthäus 5-7, s. auch Lukas 6,17)

„Er lässt ja seine Sonne aufgehn über Böse und Gute und lässt regnen über Gerechte und Ungerechte."

„ „Selig die Armen im Geiste; denn ihrer ist das Himmelreich. Selig die Trauernden; denn sie werden getröstet werden. Selig die Sanftmütigen; denn sie werden das Land erhalten. Selig, die hungern und dürsten nach der Gerechtigkeit; denn sie werden gesättigt werden. Selig die Barmherzigen; denn sie werden Barmherzigkeit erlangen. Selig, die reinen Herzens sind; denn sie werden Gott schauen. Selig die Friedensstifter; denn sie werden Söhne Gottes heißen. Selig, die Verfolgung leiden, der Gerechtigkeit zulieb; denn ihrer ist das Himmelreich. Selig seid ihr, wenn man euch schmäht und verfolgt und alles Schlechte in lügenhafter Weise wider euch aussagt um Meinetwillen. Dann freuet euch und jubelt; denn groß ist euer Lohn in den Himmeln! So hat man schon vor euch die Propheten verfolgt."

Ihr seid das Salz der Erde. Wenn aber das Salz fade wird, womit soll man es salzen? Es ist zu nichts mehr zu gebrauchen. Man wirft es eben weg, und es wird von den Leuten zertreten. Ihr seid das Licht der Welt: Eine Stadt, die oben auf einem Berg liegt, kann nicht verborgen bleiben. Auch zündet man kein Licht an und stellt es unter den Scheffel, sondern auf den Leuchter. Dann leuchtet es allen im Hause. So leuchte euer Licht vor den Menschen, damit sie eure guten Werke sehen und euern Vater preisen, der im Himmel ist."

„Denkt nicht, Ich sei gekommen, das Gesetz oder die Propheten abzuschaffen. Ich komme nicht abzuschaffen, vielmehr zu vollenden. Wahrlich, Ich sage euch: Eher werden Himmel und Erde vergehen, als dass auch nur ein Jota oder Strichlein vom Gesetz vergeht, bevor nicht alles geschehen ist. Jedoch, wenn einer eines dieser kleineren Gebote nicht beachtet und so die Menschen lehrt, der wird als der Geringste im Himmelreich gelten. Nur wer sie hält und halten lehrt, der wird Großer im Himmelreich gelten. Nein, ich sage euch: Wenn eure Gerechtigkeit nicht weitaus besser ist als die der Schriftgelehrten und der Pharisäer, so kommt ihr überhaupt nicht in das Himmelreich hinein."

„Ihr habt gehört, dass zu den Alten gesprochen ward: ‚Du sollst nicht töten. (2. Moses 20,13; 5.Moses 5/17); wer aber tötet, wird dem Gerichte verfallen. Ich aber sage euch: Wer seinem Bruder zürnt, wird dem Gerichte verfallen. Wer seinen Bruder ‚Raka' schimpft, der wird dem Hohen Rate verfallen. Und wer ihn ‚gottlos' heißt, verfällt der Feuerhölle. Wenn du zum Beispiel deine Gabe zum Altar bringst und dort fällt dir ein, dass dein Bruder etwas gegen dich habe, dann lass seine Gabe dort vor dem Altare liegen, geh hin, versöhne dich zuvor mit deinem Bruder, und dann erst magst du deine Gabe opfern. Sei bereit, dich schnell mit deinem Gegner zu versöhnen, solange du mit ihm noch auf dem Weg bist. Es könnte sonst dein Gegner dich dem Richter übergeben, der Richter dem Kerkermeister, und du könntest in den Kerker geworfen werden. Wahrlich, ich sage dir: Du kämest sicher nicht da heraus, bevor du nicht den letzten

Pfennig bezahlt hast."

„Ihr habt gehört, es war gesagt: "Du sollst nicht ehebrechen!" (2.Moses 5,18). Ich aber sage euch: Jeder, der ein Weib auch nur begehrlich ansieht, hat in seinem Herzen schon Ehebruch mit ihr begangen. Gibt dir dein rechtes Auge zur Sünde Anlass, so reiß es aus und wirf es weg. Denn besser ist's für dich, eines deiner Glieder gehe zugrunde, als dass dein ganzer Leib in die Hölle geworfen werde. Gibt dir deine rechte Hand zur Sünde Anlass, so haue sie ab und wirf sie weg. Denn besser ist's für dich, eines deiner Glieder gehe zugrunde, als dass dein ganzer Leib zur Hölle fahre. Und weiter ward gesagt: „Wer sein Weib entlassen will, der gebe ihr einen Scheidebrief!" (Moses 24, 1) Ich aber sage euch: Jeder, der sein Weib entlässt – außer dem Fall des Ehebruchs-, ist schuld, dass sie die Ehe bricht, und wer eine Entlassene heiratt, bricht die Ehe."

„Und wieder habt ihr gehört, dass zu den Alten gesprochen ward: „Du sollst keinen Meineid schwören" (2. Moses 20.7; 3. Moses 19,12), „Du sollst dem Herrn halten, was du geschworen hast." (4. Moses 30,3). Ich aber sage euch: Ihr sollt überhaupt nicht schwören, nicht bei der Erde; denn es ist die Stadt des großen Königs. Auch bei diesem Haupte sollst du nicht schwören; du kannst ja kein einziges Härchen weiß oder schwarz machen. Ein einfaches Ja, ein einfaches Nein sei eure Rede. Was darüber ist, stammt vom Bösen."

„Ihr habt gehört, es ward gesagt:" ‚Aug' um ‚Aug' und ‚Zahn' um ‚Zahn' (3. Moses 24, 16 ff). Ich aber sage euch: leistet dem Bösen keinen Widerstand; vielmehr schlägt dich einer auf deine rechte Wange, so halte ihm auch die andere hin. Und wer dir vor Gericht den Rock abstreiten will, dem lass auch den Mantel. Wer dich zu einer Meile zwingt, mit dem gehe zwei. Dem, der dich bittet, gib;

wenn einer von dir borgen will, weise ihn nicht ab."

„Ihr habt gehört, es ward gesagt: ‚Du sollst deinen Nächsten lieben.' (3. Moses 19,18): doch hassen magst du deinen Feind. Ich aber sage euch: Liebet eure Feinde (tut Gutes denen, die euch hassen) und betet für die, die euch verfolgen (und verleumden), auf dass ihr Kinder eures Vaters werdet; der im Himmel ist. Er lässt ja seine Sonne aufgehen über Böse und Gute und lässt regnen über Gerechte und Ungerechte. Denn wollet ihr nur jene lieben, die euch lieben, auf welchen Lohn könnt ihr dann Anspruch machen? Handeln den nicht auch die Zöllner ebenso? Und wollet ihr nur eure Brüder grüßen, was tut ihr da Besonderes? Handeln denn nicht auch die Heiden ebenso? Ihr aber sollt vollkommen sein, wie euer himmlischer Vater vollkommen ist."

„Hütet euch, dass ihr eure Gerechtigkeit vor den Menschen nicht übt, um euch vor ihnen zur Schau zu stellen: Ihr würdet sonst keinen Lohn erhalten von eurem Vater, der in den Himmeln ist. Gibst du also Almosen, posaune es nicht aus, wie es die Heuchler in der Synagoge und auf den Straßen machen, um von den Menschen Ruhm zu ernten. Wahrlich, ich sage euch: Sie haben ihren Lohn schon empfangen. Sooft du also Almosen geben willst, soll deine Linke nicht wissen, was die Rechte tut, damit dein Almosen im Verborgenen bleibe. Und dein Vater, der ins Verborgene sieht, wird es dir vergelten."

„Auch wenn ihr betet, sollt ihr es nicht machen wie die Heuchler. Sie beten am liebsten in den Synagogen und an den Straßenecken, um sich den Menschen zu zeigen. Wahrlich, Ich sage euch: sie haben ihren Lohn empfangen. Sooft du also betest, geh in deine innerste Kammer, schließt noch die Tore zu und bete zu deinem Vater, der im Verborgenen sieht, wird es dir vergelten. Beim Beten sollt ihr auch nicht plappern wie die Heiden. Diese meinen nämlich, sie würden dann Erhörung finden, wenn sie viele

Worte machen. Macht es nicht so wie diese. Euer Vater weiß ja, was ihr braucht, noch bevor ihr Ihn gebeten habt. Ihr aber sollt also beten: Vater unser, der du bist im Himmel, geheiligt werde Dein Name. Zu uns komme Dein Reich. Dein Wille geschehe, wie im Himmel also auch auf Erden. Unser tägliches Brot gib uns heute. Vergib uns unsere Schuld, wie auch wir vergeben unseren Schuldigern. Und führe uns nicht in Versuchung, sondern erlöse uns von dem Übel. Wenn ihr den Menschen ihre Fehler vergebt, so wird euer himmlischer Vater auch vergeben. Vergebt aber ihr den Menschen nicht, so wird euch euer Vater eure Fehler nicht vergeben."

„Und wenn ihr Fasten haltet, so dürft ihr nicht trübselig erscheinen wie die Heuchler. Sie entstellen nämlich ihr Angesicht, damit die Menschen sehen, dass sie fasten. Wahrlich, ich sage euch: sie haben ihren Lohn schon empfangen. Du aber, wenn du fastest, salbe dein Haupt und wasche dein Gesicht, damit die Menschen nicht merken, dass du fastest, vielmehr nur Vater, der im Verborgenen ist. Und dein Vater, der ins Verborgene sieht, wird es dir vergelten. Häufet euch nicht Schätze an auf Erden, wo Motten und Nager sie vernichten, wo Diebe einbrechen und stehlen. Häuft euch Schätze an im Himmel, wo keine Motten und Nager sie vernichten und wo keine Diebe einbrechen und stehlen. Denn wo dein Schatz ist, da ist auch dein Herz. Die Leuchte deines Leibes ist das Auge. Ist also dein Auge lauter lauter, so wird dein ganzer Leib erleuchtet sein; ist dein Auge jedoch krank, dann wird dein ganzer Leib verfinstert sein. Ist aber das Licht in dir zur Finsternis geworden, wie groß muss diese Finsternis dann sein. Niemand kann zwei Herren dienen; entweder hasst er den einen und liebt den anderen, oder er hält es mit dem einen und verachtet den andern: ihr könnt nicht Gott dienen und dem Mammon."

„So sage ich euch denn: Sorget nichts ängstlich um euer Leben: was ihr essen und trinken sollt; auch nicht für euren Leib: womit ihr ihn bekleiden sollt. Ist denn das Leben nicht weit mehr wert als die Nahrung und der Leib mehr als Kleidung? Schaut hin auf die Vögel des Himmels: Sie säen nicht, sie ernten nicht, sie sammeln nicht in Speicher, und doch ernährt sie euer himmlischer Vater. Seid ihr nicht viel mehr wert als sie? Wer aus euch kann denn mit seinen Sorgen eine Lebenszeit auch nur um eine Elle verlängern? Und was seid ihr um Kleidung so besorgt? Betrachtet die Lilien des Feldes, wie sie wachsen: Sie schaffen nicht, sie spinnen nicht. Ich sage euch aber: Nicht einmal Salomon in seiner ganzen Herrlichkeit war so gekleidet, wie eine einzige aus ihnen. Wenn Gott das Gras des Feldes, das heute steht und schon morgen in den Ofen geworfen wird, also kleidet, um wieviel mehr dann euch, ihr Kleingläubigen. So sprechet also nicht in Sorgen: ‚Was werden wir essen?‘ Oder: ‚Was werden wir trinken?‘ Oder: ‘Womit werden wir uns kleiden?‘ Um alles dies bekümmern sich die Heiden. Denn euer himmlischer Vater weiß wohl, dass ihr all das braucht. Suchet vor allem das Reich Gottes und seine Gerechtigkeit, dann wird euch dies alles dazugegeben werden. Sorgt also nicht ängstlich für morgen. Der morgige Tag wird für sich selber sorgen: genug, dass jeder Tag seine eigene Plage hat.“

„Richtet nicht, damit ihr nicht gerichtet werdet. Denn wie ihr richtet, so werdet ihr gerichtet werden. Und mit dem Maße, womit ihr messet wir euch zugemessen werden. Was siehst du zwar den Splitter im Auge deines Bruders; den Balken aber in deinem eigenen Auge siehst du nicht? Oder, wie kannst du deinem Bruder sagen: ‚Lass mich den Splitter dir aus dem Auge ziehen‘, und sieh, in deinem Auge steckt ein Balken. Du Heuchler! Entferne zuerst den Balken aus deinem Auge, und dann erst magst du sehen, wie den Splitter aus dem Auge deines Bruders ziehst. Gebt das Heilige nicht den Hunden und werfet eure Perlen nicht den Schweinen vor. Sie würden sie ja nur mit den Füßen zertreten, sich umwenden und euch zerreißen."

„Bittet und es wird euch gegeben werden; sucht und ihr werdet finden; klopft an und es wird euch aufgetan. Denn jeder, der bittet empfängt; wer sucht, der findet; wer anklopft, dem wird aufgetan. Oder ist etwa einer unter euch, der seinem Kind, wenn es ihn um Brot bittet, einen Stein darreichen würde? Oder, wenn es um einen Fisch bittet, ihm eine Schlange geben würde? Wenn nun ihr, die ihr böse seid, euern Kindern doch gute Gaben zu geben wisset, um wieviel mehr wird euer Vater, der im Himmel ist, denen Gutes geben, die ihn bitten."

„Alles nun, was ihr wollt, dass euch die Menschen tun, das sollt auch ihr tun. Denn das ist das Gesetz und die Propheten. Tretet ein durch die enge Pforte: Weit ist ja die Pforte und breit der Weg, der ins Verderben führt, und viele sind's die auf ihm hineingehen. Wie eng ist die Pforte, wie schmal der Weg, der zum Leben führt, und wenige sind es, die ihn finden."

„Hütet euch vor falschen Propheten. Sie kommen zu euch in Schafskleider; inwendig aber sind sie reißende Wölfe. An ihren Früchten werdet ihr sie erkennen: Erntet man denn Trauben von den Dornen oder Feigen von den Disteln? So trägt jeder gute Baum gute Früchte, der schlechte Baum aber trägt schlechte Früchte. Ein guter Baum kann keine schlechten Früchte tragen, ein schlechter Baum wird keine guten Früchten bringen. Jeder Baum, der keine guten Früchte trägt, wird umgehauen und ins Feuer geworfen. Also, an ihren Früchten werdet ihr sie erkennen. Nicht jeder, der Mir sagt: ‚Herr, Herr!' wird in das Reich der Himmel kommen; vielmehr wird den Willen meines Vaters tut, der in den Himmeln ist. Viele werden an jenem Tage zu mir sprechen:

‚Herr, Herr, haben wir denn nicht in Deinem Namen prophezeit, in Deinem Namen Dämonen ausgetrieben, in Deinem Namen viele Wunderzeichen gewirkt? Ich werde ihnen aber dann versichern: ‚Ich habe euch niemals gekannt: Hinweg von mir, ihr Übeltäter.' „

Das *Magnificat* ist ein Gotteslob Marias aus der neutestamentlichen Weihnachtsgeschichte und greift den alttestamentlichen Lobgesang Hannas auf (1 Samuel 2)

Magnificat (Lukas 1, 46-55, 1. Jh. n. Chr.)

„Hoch preiset meine Seele den Herrn,

mein Geist frohlockt in Gott, meinem Heiland,

weil Er die Demut Seiner Magd geschaut;

denn siehe, fortan preisen mich selig alle Geschlechter.

Denn Großes hat an mir getan der Mächtige;

und heilig ist Sein Name.

Und Sein Erbarmen waltet von Geschlecht zu Geschlecht

für jene, die ihn fürchten;

Er wirket Mächtiges mit Seinem Arm;

zerstreut, die stolz in ihrem Herzen denken.

Herab stürzt Er Gewalthaber von Thronen

und erhöht Niedrige,

mit Gütern sättigt Er die Darbenden;

doch Reiche lässt Er leer ausgehen.

Er hat sich angenommen Israels, Seines Knechtes,

in der Erinnerung an Sein Erbarmen –

denn so verhieß Er's unsern Vätern schon –

mit Abraham und seinem Stamm auf ewig."

Mohandas Karamchand Gandhi (20. Jh.)

Satyagraha- Normen

„Schenke deinem Gegner Vertrauen!"-

„Wähle Gewalt vor Feigheit!

„1.Befolge Ahimsa in Gedanken und Sinn!

Du sollst deine gewaltlosen Handlungen aus einer gewaltlosen Gesinnung entspringen lassen. Deshalb versuche, so zu leben, dass du lernst, keinen Hass gegen jemanden zu empfinden, sondern deinen Nächsten wie dich selbst zu lieben.

2.Identifiziere dich mit denen, für die du kämpfst!

Du sollst dich mit der Gruppe identifizieren, für die du kämpfst, damit du gefühlsmäßig und intellektuell die Umstände und Verhältnisse so zu erleben vermagst, wie sie das einfache Gruppenmitglied erlebt.

3.Gib dem Kampf einen positiven Inhalt!

Du sollst dich in deinem Kampf nie damit betrügen, die bestehenden Institutionen oder Gesichtspunkte niederzureißen, sondern immer versuchen, diesen Teil der Aktion mit konstruktiven Unternehmungen zu verbinden.

4.Dehne nicht das Ziel des Kampfes aus!

Du sollst nicht die Zielsetzung der einzelnen Satyagraha-Aktion ausdehnen, unabhängig davon, wie der Kampf und die äußeren Verhältnisse sich ausdehnen.

5.Schenke deinem Gegner Vertrauen!

Du sollst immer an deinem Gegner so handeln, wie du an Mitgliedern deiner eigenen Gruppe gehandelt hättest, und wie du wünschst, dass andere an dir handeln sollen.

5a.Begegne deinem Gegner persönlich!

Du sollst dein Zutrauen zum Gegner dadurch um Ausdruck bringen, dass du bereit bist, ihm persönlich zu begegnen oder ein persönliches Verhältnis zu ihm zu entwickeln, ebenso aufrichtig, wie du es mit einem aus deiner eigenen Gruppe tun würdest.

5b.Beurteile nicht andere härter als dich selbst!

Du sollst weder ethisch noch intellektuell dem Gegner einen niedrigeren Rang als dir selbst beimessen, sondern an ihm so handeln, als wenn er wenigstens ebenso hohe ethische Motive und wenigstens ebenso intelligente Analysen der Lage hätte wie du selbst. Und beurteile ihn mit Rücksicht auf alle mildernden Umstände, die die äußeren Umstände geben können.

6. Sei zum Kompromiss bereit!

Du sollst bereit sein, durch Verhandlungen mit dem Gegner Kompromisse zu schließen, wenn es zu einem Verhältnis zwischen euch führen soll, das einen besseren Ausgangspunkt für dauernde Zusammenarbeit gibt, und wenn du nicht durch den Kompromiss Normen der Ahimsa-Lehre brichst.

7. Du sollst nicht töten!

Du sollst vermeiden, körperliche Gewalt gegen irgendein lebendes Wesen zu üben oder dies zu beabsichtigen, wenn es nicht zum Besten des Wesens dient, wenn es undenkbar ist, dass sich das lebende Wesen über seine Lage klar ist, und wenn es in einem gewaltlosen Sinn geschieht.

8. Zwinge den Gegner nicht – wandle seinen Sinn!

Du sollst in einer Konfliktsituation so handeln, dass du den Gegner nicht in eine Lage bringst, wo dein persönliches Furchtmotiv seinen Handlungen zugrunde liegen wird, sondern versuche, auf ihn so einzuwirken, dass ein Verhalten der Satyagraha-Gruppe für ihn ein annehmbares Verhalten werden kann.

8a. Richte den Kampf gegen die Sache, nicht gegen die Person!

Du sollst, wenn es überhaupt möglich ist, vermeiden, den Gegner persönlich mit deinem Satyagraha-Kampf zu treffen, sondern den Kampf in einer solchen Weise gegen den Überstand zu richten, den der Gegner dir verursacht hat, dass der Gegner ihn als einen

Kampf gegen eine Sache und nicht gegen seine Person auffassen kann.

8b. Nütze nicht die Schwäche des Gegners aus!

Du sollst aus schwierigen Lagen des Gegners keine Vorteile ziehen, wenn die Lagen Ursachen haben, die außerhalb des Konflikts liegen. Lasse den Gegner fühlen, dass der Druck, dem er sich ausgesetzt hat, nur eine Folge des Unrechts ist, das er deiner Gruppe antut.

8c. Provoziere den Gegner nicht!

Du sollst Handlungen vermeiden, die dadurch eine Ausdehnung des ursprünglichen Konfliktstoffs zur Folge haben, dass der Gegner in Situationen gebracht wird, in denen er voraussichtlich besonders herabwürdigende Handlungen begehen wird. Sondern du sollst so handeln, dass die Situation, in die du den Gegner bringst, direkte Folge der ursprünglichen Konfliktlage und der Ahimsa-Norm ist.

9. Wähle Mittel, die dem Ziel entsprechen!

Du sollst Mittel wählen, die logisch und sachlich mit deiner Konfliktsituation zusammenhängen und die dem Gegner so deutlich wie möglich das zeigen, was du als Konfliktstoff auffasst.

9a. Feilsche nicht!

Du sollst nicht bereit sein, dir ein Verhalten des Gegners dadurch auszuhandeln, dass du ihm ein Verhalten auf einem anderen Gebiet anbietest, sondern versuche zu bewirken, dass sowohl du selbst als auch der Gegner ein Verhalten um dessen willen selbst vertritt.

10. Sei opferbereit!

Du sollst bereit sein, alle deine physischen und geistigen Kräfte einzusetzen im Kampf für eine Sache, an die du glaubst, und um deinen Mitmenschen dienen zu können, wenn nötig mit deinem eigenen Leben als Einsatz. Du sollst es aber um der Sache und deiner Mitmenschen selbst tun, nicht um des Opfers willen.

11. Befolge Ahimsa im Reden und Schreiben!

Du sollst bestrebt sein, im Reden und Schreiben die Wahrheit zu sagen, die volle Wahrheit und nichts anderes als die Wahrheit, und du sollst es in einer solchen Weise tun, dass deutlich wird, dass du dich nur gegen die Gesichtspunkte und Handlungen des Gegners wendest, nicht gegen ihn selbst. Und so, dass der Gegner deine Worte als Ausdruck eines Wunschs nach Zusammenarbeit, nicht nach Kampf auf längere Sicht empfindet.

11a. Lebe dich in die Gesichtspunkte des Gegners ein!

Begegne dem Gegner im Meinungsaustausch mit einem Maximum von Einfühlung in seine Lage, seine ausgesprochenen Meinungen, seine Entscheidungsgründe und wähle- innerhalb der Grenzen der Billigkeit- immer die Interpretation, die der Darlegung des Gegners das größte Gewicht als Antwort auf deine eigene gibt.

11b. Verbirg deine Pläne nicht!

Du sollst ehrlich und offen handeln und deine Pläne dem Gegner darlegen, sodass er zu jeder Zeit wissen kann, was du zu tun beabsichtigst, und sich danach zu richten.

11c. Gestehe deine Fehler!

Du sollst immer bereit sein, die Fehler, die du begehst, einzugestehen, sowohl deiner Gruppe wie dem Gegner gegenüber, auch wenn ein solches Geständnis eine zeitweilige Schwächung der eigenen Position mit sich führt, vom Gesichtspunkt deiner eigenen Gesinnungsgenossen und des Gegners ausgehen.

12. Entziehe dem Übeltäter das Handlungsobjekt!

Du sollst den Kampf gegen eine böse Handlung nicht direkt gegen den Täter richten, sondern versuchen, so zu handeln, dass du ihm durch dein Benehmen die Mittel und Gegenstände, die für die Handlung erforderlich sind, verweigerst, sodass die negativen Wirkungen der Handlungen verschwinden.

13. Mache keine Sabotage!

Du sollst dem Eigentum anderer keinen direkten, aktiven Schaden zufügen mit der Absicht, dem Gegner Schwierigkeiten zu bereiten oder auf ihn Druck auszuüben, sondern nur einen passiven Schaden, der eine Folge davon ist, dass du ihm eventuell Zusammenarbeit verweigerst.

14.Sei, wo immer möglich, loyal!

Du sollst ein loyaler, gesetzestreuer und pflichtbewusster Bürger der Gesellschaft sein, von der du Mitglied bist, solange sie von dir nicht verlangt, dass du gegen dein gewissen handelst, und der Widerstand soll erst bei einem ernsten Konflikt geleistet werden, auch dann, wenn er zu einem Kampf gegen die Mehrheit führen sollte.

15.Wähle Gewalt vor Feigheit!

Du sollst immer bestrebt sein, Ahimsa zu folgen in der Bedeutung 1-14, aber in einer Lage, wo du es nicht fertigbringst, ist ein gewaltsames Verhalten mit einem von Ahimsa erfüllten Sinn einem nicht gewaltsamen, aber aus Feigheit entstandenen Verhalten vorzuziehen.

Zitiert aus: Richard Reschika (Hg), *Das Gute Leben. Die Glücksregeln der großen Religionen.* Herder, Freiburg, 2011, pp 76-81

Ahimsa – Non-Violence

„Wer non-violent sein will, darf dem nicht zürnen, der ihn beleidigt. Darf ihm nichts Böses wünschen. Muss ihm Gutes wünschen. Darf ihm nicht fluchen. Darf ihm keinerlei körperliche Verletzungen zufügen. Muss jede Bosheit ruhig hinnehmen, die sein Verfolger gegen ihn anwendet. So bedeutet Non-Violence völlige Harmlosigkeit. Völlige Non-Violence ist völlige Abwesenheit von Übelwollen gegen alles, was lebt. Sie umfasst auch das nichtmenschliche Leben und schließt schädliche Insekten und wilde Tiere nicht aus. Sie sind nicht geschaffen worden, um unsere Zerstörungswut zu nähren. Wenn wir die Absichten unseres Schöpfers kennten, würden wir ihnen innerhalb seiner Schöpfung die richtige Stelle zuweisen. Non-Violence ist also in ihrer Anwendung Wohlwollen allem Leben gegenüber. Sie ist reine Liebe. Ich fand sie in den Schriften der Hindu, in der Bibel und im Koran.

Non-Violence ist ein Zustand der Vollkommenheit. Sie ist ein Ziel, zu dem sich die Menschen naturgemäß, wenn auch unbewusst, hinbewegt. Der Mensch wird nicht göttlich, wenn er dazu gelangt, Schuldlosigkeit zu verkörpern. Vielleicht wird er dann erst wahrhaft Mensch. So wie wir jetzt sind, sind wir zum Teil Mensch, zum Teil Tier, und in unserer Unwissenheit und Anmaßung behaupten wir, den Zweck unserer Art treu zu erfüllen, wenn wir dem Schlag mit dem Gegenschlag antworten und dazu den nötigen Zorn kochen lassen. Wir geben vor, zu glauben, dass Wiedervergeltung das Gesetz unseres Daseins ist, während wir doch in den heiligen Schriften finden, dass Wiedervergeltung nie vorgeschrieben nie vorgeschrieben, immer nur gestattet ist. Wiedervergeltung ist die Gesinnung, die peinliche Anstrengung des Falles verlangt. Selbstüberwindung ist vorgeschrieben.

Selbstüberwindung ist das Gesetz unseres Daseins. Höchste Vollkommenheit ist nicht zu erreichen ohne höchste Selbstüberwindung. Leiden wird also zum Wahrzeichen des menschlichen Geschlechts.

Und immer weicht das Ziel vor uns zurück. Je größer der Fortschritt, umso größer die Erkenntnis unseres Unwerts. Die Genugtuung liegt im Streben, nicht im Erreichen. Höchstes Streben ist höchster Sieg.

Und wenn ich auch besser denn je erkenne, wie fern ich dem Ziel noch bin, bleibt doch das Gesetz vollkommener Liebe Gesetz meines Daseins. Und jeder Fehltritt soll mein Streben stärker anspornen. Ein Tropfen Wasser muss bei der Analyse den gleichen Befund ergeben wie das ganze Meer. Die Art meiner Non-Violence gegenüber meinen Nächsten kann nicht anderer Art sein als mein Non-Violence dem All gegenüber. Wenn ich meine Liebe zu dem Nächsten ausdehne auf das All, muss sie immer noch derselben Prüfung standhalten.

Zitiert aus: Hubertus Halbfass, *Welthaus*. Patmos Verlag, Düsseldorf 1990 pp 353 ff

Matthias Claudius, *Kriegslied* (1774)

" ,s ist Krieg! ,s ist Krieg! O Gottes Engel wehre, Und rede du darein!

,s ist leider Krieg – und ich begehre Nicht schuld daran zu sein!

Was sollt' ich machen, wenn im Schlaf mit Grämen Und blutig, bleich und blaß,

Die Geister der Erschlagnen zu mir kämen, Und vor mir weinten, was?

Wenn wackre Männer, die sich Ehre suchten, Verstümmelt und halb tot

Im Staub sich vor mir wälzten, und mir fluchten in ihrer Todesnot?

Wenn tausend tausend Väter, Mütter, Bräute, So glücklich vor dem Krieg,

Nun alle elend, alle arme Leute, Wehklagten über mich?

Wenn Hunger, böse Seuch' und ihre Nöten Freund, Freund und Feind ins Grab

Versammelten, und mir zu Ehren krähten Von einer Leich' herab?

Was hülf' mir Kron' und Land und Gold und Ehre? Die könnten mich nicht freun!

,s ist leider Krieg – und ich begehre Nicht schuld daran zu sein!"

José Saramago (20./21. Jh.)

Von Frieden und von Krieg

„In der ruhigen Hand, die mit Wellengeste

Die Luft zur musikalischen Statue formt.

In der gekrümmten Hand, die mit Eiseskälte

Die Wand der Zeit in tiefe Schreie schneidet.

In der Fieberhand, die mit flammendem Schweiß

In Asche wandelt, was immer sie berührt.

In der Seidenhand, die mit streichelndem Flügel

Träume wie Wasserquellen erschließt.

In deiner Friedenshand, in deiner Kriegshand

Baut der Schmerz ein Nest, wenn da Liebe ist."

aus: *Über die Liebe und das Meer. Gedichte.* Hoffmann und Campe, Hamburg 2011

'Ali Ahmed Sa id (20.Jh.)

Nimm eine Rose und nenne sie Lieder und singe sie für die Welt.

„Nimm eine Rose, breite sie aus als Kissen.

Über ein Kleines

Wird dich die Schwäche verzehren

In düsterem Schmutz,

nehmen dich Bomben, die schweren,

in ihren Besitz.

Über ein Kleines

Nimm eine Rose und nenne sie

Lieder

Uns singe sie für die Welt."

Zitiert aus: Annemarie Schimmel, *Nimm eine Rose und nenne sie Lieder. Poesie der islamischen Völker.* Insel Verlag Frankfurt am Main 1995, p 95

Nelly Sachs (20.Jh.)

Chor der unsichtbaren Dinge

„Klagemauer Nacht!

Eingegraben in dir sind die Psalmen des Schweigens.

Die Fußspuren, die sich füllen mit Tod

Wie reifende Äpfel

Haben bei dir nach Hause gefunden.

Die Tränen, die dein schwarzes Moos feuchten

Werden schon eingesammelt.

Denn der Engel mit den Körben

Für die unsichtbaren Dinge ist gekommen.

O die Blicke der auseinandergerissenen Liebenden

Die Himmelschaffenden, die Weltengebärenden

Wie werden sie sanft für die Ewigkeit gepflückt

Und gedeckt mit dem Schlaf des gemordeten Kindes,

In dessen warmem Dunkel

Die Sehnsüchte neuer Herrlichkeiten keimen.

Im Geheimnis eines Seufzers

Kann das ungesungene Lied des Friedens keimen.

Klagemauer Nacht,

Von dem Blitze eines Gebetes kannst du zertrümmert werden

Und alle, die Gott verschlafen haben

Wachen hinter deinen stürzenden Mauern

Zu ihm auf."

Aus: Nelly Sachs, *Chor der unsichtbaren Dinge /Chöre nach der Mitternacht.*in: *Eli/ In den Wohnungen des Todes/ Sternenverdunkelung.* Suhrkamp Verlag 1966

Palazzo Pubblico, Sala della Pace, *"Pax"* aus dem Fresco *Allegoria ed affetti del Buon e del Cattivo Governo* von Ambrogio Lorenzetti (1337-1339)

Quelle: Wikimedia Commons

Sala della Pace, Palazzo Pubblico, Siena

Allegorien von der guten Regierung und ihren Wirkungen, von der schlechten Regierung und ihren Wirkungen.

Fresken von Ambrogio Lorenzetti (1337-1339)

Im Sitzungssaal der „Regierung der Neun" des Palazzo Publico in Siena stellen Fresken Ambrogio Lorenzettis allegorisch die gute Regierung und die Auswirkungen von guter und schlechter Regierung dar. (*Allegoria ed Effetti del Buono e del Cattivo Governo)*

Neben dem gelassen sich anlehnenden Frieden (Pax), dargestellt nach dem Vorbild einer antiken Göttin, links neben ihr auf einem Thron sitzend Justitia, den Blick auf die göttliche Weisheit (Sapientia) über ihr und zum Buch des Rechts und der Waage in deren Händen gerichtet; zwei Engel personifizieren in den Waagschalen die distributive und die kommutative Gerechtigkeit, die Justitia, hier als ausgleichende Gerechtigkeit dargestellt, in ein Gleichgewicht bringt. Von den Waagschalen ausgehend zwei Schüre,die, von der Eintracht (Concordia) - dargestellt mit dem Hobel, die Ehrgeizigen glattzuhobeln – miteinander versponnen, von vierundzwanzig Bürgern gehalten und die rechte Hand der Guten Regierung binden.

Dargestellt in der Sala die None, heute Sala della Pace, ist bemerkenswerterweise die vorherige Regierung der vierundzwanzig Bürger (1236-1270), nicht die der damals regierenden Neun.

Die Gute Regierung ist dargestellt in Gestalt einer sitzenden Person mit Szepter, *Commune Senarum Civitatis Virginis),* auf dem Schild Maria mit dem Kind, Schutzpatronin Sienas; die Füße der Guten Regierung auf der sienesischen Wölfin ruhend, die das Zwillingspaar Aschinus und Senius säugt. Über ihr die theologischen Tugenden: Glaube, Hoffnung und Liebe; neben ihr die Kardinaltugenden: Weisheit (prudentia,), Tapferkeit, Mut (fortitudo), Mäßigkeit (temperantia), Hochherzigkeit (Magnamitas) und weiteres Mal Justitia, diesmal als strafende Gerechtigkeit mit dem Schwert dargestellt.

Bildqielle: Wikimedia Commons

Allegoria del Buon Governo

Allegoria del Affetti del Buon Governo

Affetti del Cattivo Governo

Der Westphälische Friede, 1648

„...und es soll dieser Friede aufrichtig und ernsthaft eingehalten beachtet werden, auf dass jeder Teil des anderen Nutzen, Ehre und Vorteil fördere. "

Der Westphälische Friede beendete 1648 mit dem Friedensvertrag von Osnabrück und Münster einen dreißigjährigen Krieg in Europa: zwischen Habsburg und der französischen Krone, Katholischer Liga und Protestantischer Union und Ständen, um dynastische und religionspolitische Dominanz, territoriale Ansprüche, wirtschaftliche Interessen. Große Landesteile im Hl. Römischen Reich waren von durchziehenden, plündernden und marodierenden Heeren verwüstet worden und für viele Jahre landwirtschaftlich nicht mehr nutzbar; die ländlichen Bevölkerungen waren um 44%, in einigen Regionen bis zu 70% durch Kriegshandlungen, Hungersnöte und Epidemien dezimiert, städtische Bevölkerungen um nur Weniges geringer; Barbarei war mancherorts allgegenwärtig.

Der Friedensvertrag blieb Rechtsgrundlage des Hl. Römischen Reichs bis zu dessen Ende mit der Niederlegung der Kaiserwürde durch Franz II im Jahr 1806. Er bezog seinen Erfolg – und seine Beispielhaftigkeit bis in unsere Gegenwart – aus der gleichberechtigt-verpflichtenden Einbeziehung aller Konfliktparteien, ungeachtet ihrer territorialen Größe, politisch-strategischen und ökonomischen Macht, dynastischen Gefolgschaft oder Religionszugehörigkeit, aus seinen derogierenden Bestimmungen und deren Einklagbarkeit, nicht zuletzt aus der Verpflichtung zu „immerwährendem Vergessen".

Friedensvertrag von Münster (Instrumentum Pacis Monasteriensis) vom 24. Oktober 1648 und Osnabrück (Instrumentum Pacis Osnabrugensis) vom 14./24. Oktober im Jahre 1648 nach Christus (Auszüge aus dem Volltext)

„Im Namen der hochheiligen und unteilbaren Dreifaltigkeit, Amen.

Allen und jeden, die es angeht oder auf irgendeine Weise angehen könnte, sei kund und zu wissen: Nachdem die vor vielen Jahren im Römischen Reich entstandenen Streitigkeiten (dissidia) und inneren Unruhen sich soweit ausgedehnt hatten, dass nicht nur ganz Deutschland, sondern etliche benachbarte Königreiche, namentlich (das Königreich) Frankreich, dergestalt in Mitleidenschaft gezogen waren, dass ein langwieriger und erbitterter Krieg entstand, und zwar zuerst zwischen dem durchlauchtigsten und großmächtigsten Fürsten und Herrn, Herrn Ferdinand dem Zweiten, erwähltem Römischen Kaiser, allzeit Mehrer des Reiches, König von Deutschland, Ungarn, Böhmen, Dalmatien, Kroatien, Slowenien usw., Erzherzog von Österreich, Herzog von Burgund, Brabant, Steier, Kärnten, Krain, Markgraf von Mähren, Herzog von Luxemburg, Oberschlesien und Niederschlesien, Württemberg und Teck, Fürst von Schwaben, Graf von Habsburg, Tirol, Kiburg, Görz, Landgraf von Elsaß, Markgraf des Hl. Römischen Reiches (Antwerpen), von Burgau, Ober- und Niederlausitz, Herrn der Windischen Mark, zu Portenau und zu Salins, ruhmreichen Angedenkens, mit seinen Verbündeten und Anhängern andererseits; darauf, nach deren Ableben, zwischen dem durchlauchtigsten und großmächtigsten Fürsten und Herrn, Herrn Ferdinand dem Dritten, erwähltem Römischen Kaiser, allzeit Mehrer des Reiches (es folgen die aufgeführten Titel) mit seinen Verbündeten und Anhängern einerseits, und dem durchlauchtigsten und mächtigsten Fürsten und Herrn, Herrn Ludwig dem Vierzehnten, dem allerchristlichsten König von Frankreich und Navarra, und seinen Verbündeten und Anhängern andererseits, wodurch viel Christenblut vergossen wurde und große Verwüstungen in den Ländern angerichtet worden sind, ist es endlich durch Gottes Gnade gelungen, dass man – dank der Vermittlung der durchlauchtigsten Republik Venedig, an deren Ratschlägen für die allgemeine Wohlfahrt und den Frieden es auch in den gefährlichsten Zeiten der Christenheit niemals mangelt – beiderseits an einen allgemeinen zu denken begonnen hat und zu diesem Zweck nach gegenseitiger, zu Hamburg am 25. Dezember nach neuern oder dem 15. Dezember nach altem Stil im Jahre des Herrn 1641 getroffener Übereinkunft der Parteien der elfte Tag dieses Monats nach altem Stil im Jahre des Herrn 1643 für einen Kongress Bevollmächtigter Gesandter zu Osnabrück und Münster in Westfalen bestimmt worden ist.

(…)

Durch Vermittlung und Beistand des hoch- und wohlgeborenen venezianischen Gesandten und Senators, Herrn Alvise Contareni, Ritters, der das Amt eines unparteiischen Vermittlers nahezu 5 Jahre lang unermüdlich ausgeübt hat, haben sie sich – nachdem sie den Beistand Gottes angerufen und ihre Vollmachten (plenipotentiarum tabulae) – deren Abschriften zu Ende dieses Ibstriments Wort für Wort inseruiert sind – in gehöriger Form untereinander ausgetauscht hatten, in Gegenwart und mit Zustimmung und Einwilligung der Kurfürsten, Fürsten und Stände des Hl. Römischen Reiches zur Ehre Gottes und zum Heil der Christenheit untereinander auf nachstehende Friedens - und Freundschaftsartikel geeinigt und sind übereingekommen wie folgt:

(Allgemeines Friedensgebot)

§1 Es möge ein christlicher allgemeiner und immerwährender Friede (pax sit christiana universalis, perpetua) sowie wahre und aufrichtige Freundschaft herrschen zwischen der Heiligen Kaiserlichen Majestät und der Heiligen allerchristlichsten Majestät sowie sämtlichen Verbündeten und Anhängern vorerwähnter Kaiserlicher Majestät, dem Hause Österreich und deren Erben und Nachfolgern, namentlich aber den Kurfürsten, Fürsten und Ständen des Reiches einerseits, und sämtlichen Verbündeten vorerwähnter allerchristlicher Majestät und deren Erben und Nachfolgern, insbesondere der durchlauchtigsten Königin und dem Königreich Schweden und den betreffenden Kurfürsten, Fürsten und Ständen des Reiches andererseits, und es soll dieser (Friede) aufrichtig und ernstlich eingehalten beachtet werden, auf dass jeder Teil des anderen Nutzen, Ehre und Vorteil fördere (ut utraque pars alterius utilitatem, honorem ac commodum promoveat) und dass sowohl auf Seiten des gesamten Römischen Reiches und dem Königreich Frankreich und dem Römischen Reiche, treue Nachbarschaft, wahrer Friede und echte Freundschaft neu erwachsen und erblühen möge.

§2 =Artikel II Osnabrücker Friedensvertrag (Instrumentum Pacis Osnabrugense)

Beide Seiten gewähren einander immerwährendes Vergessen und Amnestie (perpetua oblivia et amnestia) alles dessen, was seit der Kriegshandlungen an irgendeinem Ort und auf irgendeine Weise von dem einen oder anderen Teil, hüben wie drüben, in feindlicher Absicht begangen worden ist, und zwar in der Weise,dass einer dem anderen Grund oder Vorwand künftig irgendwelche feindselige Handlungen, Streitigkeiten oder

Belastungen zufügt oder irgendwelche Hindernisse in bezug auf die Person, den Stand, die Güter oder deren Sicherheit, selbst oder durch andere, heimliche oder öffentlich, unmittelbar oder mittelbar, unter dem Vorwand eines (ihm zustehenden) Rechtes oder mit Gewalt, innerhalb oder außerhalb des Reiches, ungeachtet irgendwelcher früheren Verträge gegenteiligen Inhaltes in den Weg legen oder dies veranlassen oder gestatten darf; vielmehr sollen alle insgesamt und einzeln auf beiden Seiten – sowohl vor dem Kriege als auch im Kriege – mit Worten, Schriften oder Taten zugefügten Beleidigungen, Gewalttaten, feindselige Handlungen, Schäden und Unkosten ohne Ansehen der Person oder Sachen in der Weise gänzlich gegeneinander aufgehoben sein, auf dass alles, was dieserhalb die eine von der Partei fordern könnte, immerwährendem Vergessen anheimgegeben sei.

§§ 112-118 = Osnabrücker Friedensvertrag Artikel XVII (Rechtswirkung des Friedens)

§2 (Der Friede als Grundgesetz des Hl. Römischen Reiches)

Zur größeren Gewähr und Sicherheit sämtlicher Bestimmungen soll der gegenwärtige Vertrag als ein dauerndes Verfassungsgesetz des Reiches (perpetua lex et pragmatica imperii sanctio) wie alle anderen Gesetze und Grundgesetze des Reiches (leges et constitutiones fundamentales imperii) ausdrücklich dem nächsten Reichsabschied und der nächsten kaiserlichen Wahlkapitulation einverleibt werde und für alle gegenwärtigen, geistlichen wie weltlichen (Personen), sie seien Reichsstände oder nicht, gleichermaßen verbindlich sowie den kaiserlichen Räten und Räten und Dienern der Städte, auch den Richtern und Beisitzern aller Gerichte als eine für immer zu beachtende Vorschrift (tanquam regula quam perpetuo sequantu) vorgeschrieben sein.

(Derogierende Kraft des Friedensvertrags)

§3 Es sollen gegen diesen Vertrag oder irgendeinen Artikel oder Zusatz (des Vertrags) weder geistliche noch weltliche Rechte, weder allgemeine noch besondere Konzilsbeschlüsse, Privilegien, Bewilligungen, Verordnungen, Gerichtsentscheidungen, Verbote, Verfügungen, Beschlüsse, rechtshängig gemachte Klagen, zu irgendeiner Zeit gefällte Sprüche, Gerichtsurteile, kaiserliche Wahlkapitulationen und Vorschriften der Ordensleute oder Exemtionen, bereits erhobene oder noch zu erhebende Protestationen, Einreden, Berufungen, Besitzeinweisungen, Vergleiche, Eide, Verzichte, Veräußerungsgeschäfte und andere Verträge, noch weniger die Verordnung des Jahres 1629 oder der den Päpsten oder das Interim vom Jahre 1548 oder irgendwelche anderen weltlichen oder geistlichen Verordnungen, Beschlüsse, Dispense, Lossprechungen oder ähnliche (Maßnahmen), unter welchen Namen oder Titeln auch immer sie geltend gemacht werden könnte, jemals vorgebracht, zugelassen oder angehört werden, auch sollen zu keiner Zeit und an keinem Ort Prozesse gegen diesen Vertrag über die Feststellung von Rechten, Besitzständen, Besitzansprüchen oder andere Verfahren oder Delegationen der Gerichtsbarkeit zugelassen und entschieden werden.

(Strafbestimmung)

§4 Wer aber diesen Vertrag und dem allgemeinen Frieden mit Rat und Tat (consilio vel ope) zuwiderhandelt oder sich dem Vollzug der Restitution widersetzt, oder auch wer, wenn die Restitution in der zuvor bestimmten rechtmäßigen Form ohne Verletzung der Bestimmung erfolgt ist, ohne rechtliche Erkenntnis in der Sache oder ohne rechtmäßiges Verfahren das Restituierte aufs neue zu erlangen versuchen sollte, er sei geistlichen oder weltlichen Standes, soll der Strafe des Friedensbruchs (poenam fractae pacis) von Rechts wegen verfallen sein und es soll die Rückgabe und der Vollzug gemäß den Reichsgesetzen mit allem Nachdruck befohlen und vorgenommen werden.

(Allgemeine Gewähr des Friedens)

§5 Der geschlossene Friede soll uneingeschränkt in Kraft bleiben und die Vertragsparteien sollen verpflichtet sein, sämtliche Bestimmungen dieses Friedens gegen jedermann ohne Unterschied des Bekenntnisses zu schützen und zu verteidigen. Sollte aber (eine Bestimmung) verletzt werden, soll der Geschädigte den Schädiger zunächst abmahnen, danach jedoch die Sache einem gütlichen Vergleich oder einer rechtlichen Entscheidung zuführen.

(Sicherung des Friedens)

§6 Sollte aber ein solcher Streit durch keines dieser Mittel innerhalb von drei Jahren zu Ende gebracht werden können, so sollen sämtliche Vertragspartner verpflichtet sein, sich mit dem Verletzten in Rat und Tat zu verbinden und auf den Hinweis des Verletzten, dass weder der Weg einer gütlichen Einigung noch der Rechtsweg zum Erfolg geführt habe, zur Unterdrückung des Unrechts zu den Waffen zu greifen, unbeschadet jedoch der einem jeden zustehenden Gerichtsbarkeit und aller für jeden Fürsten oder Stand geltenden Gesetze und Ordnungen.

(Verbot der Gewaltanwendung)

§7 Keinem Reichsstand soll es erlaubt sein, sein Recht mit Gewalt und mit Waffen zu verfolgen, sondern jeder soll den Weg des Rechts beschreiten, wenn ein Streit entstanden ist oder künftig entstehen sollte. Wer dem zuwiderhandelt, soll des Friedensbruchs angeklagt werden (rei sit fractae pacis). Was durch Gerichtsurteil entschieden wurde, soll ohne Unterschied des Standes vollzogen werden, wie es die Reichsgesetze über den Vollzug eines Urteils bestimmen."

(...)

Geschehen zu Münster in Westfalen am 24. Oktober des Jahres 1648

Geschehen zu Osnabrück in Westfalen am 14./24. Oktober im Jahre Christi 1648

Quelle: lwl.org. Westfälischer Friede Instrumentum Pacis Monasteriensis, Instrumentum Pacis Osnabrugensis, IOP, Volltext

Abbé Castel de Saint-Pierre,

Projet pour Rendre la Paix Perpétuelle en l'Europe. 1712

„Tel est l'état des Chefs de Familles Sauvages, qui vivent sans Loix telle est la situation des petits Rois d'Affrique, des malheureux Caciques, ou des petits Souverains d'Amérique: tele est même jusqu'à présent la situation de nos Souverains d'Europe: comme la n'ont encore aucune *Société permanente* entre eux, ils n'ont aucune Loy propre à décider *sans Guerre* leurs differens; car quand même par les conventions de leurs Traitez ils pourroient prévoir & decider tous les cas qui peuvent donner naissance à leurs differens, ces Conventions peuvent-elles jamais être regardées comme Lois inviolables, tant qu'il demeure en la liberté de l'un ou de l'autre des Prétendans de les violer sous des pretexts qui ne manquent jamais à celui qui ne veut pas s'y soûmettre, chacun d'eux n'aura-t-il pas la liberté de les violer selon son caprice, tant qu'ils ne seront ni les uns, ni les autres dans la nécessité, que la force supérieure d'une *permanente et suffisament puissante* , s'ils en faisoient partie, mais jusqu'à present ils n'ont point formé entr'eux de *Societé permanente, et suffisament puissante.*"

Auszug aus: *Projet pour Rendre la Paix Perpétuelle en Europe, Tome I. Premier Discours. 10-14.* Chez Antoine Schoutten, Marchand Libraire M.DCC.XIII. in: Éditions Garnier, *Les Classiques de la Politique.* Paris 1981, htttp://d-nb.info/1074162676

Zum ewigen Frieden

Ein philosophischer Entwurf von Immanuel Kant. 1795

Zum ewigen Frieden

Ob diese satirische Überschrift auf dem Schilde jenes holländischen Gastwirths, worauf ein Kirchhof gemalt war, die *Menschen* überhaupt, oder besonders die Staatsoberhäupter, die des Krieges nie satt werden können, oder wohl gar nur die Philosophen gelte, die jenen süßen Traum träumen, mag dahin gestellt sein. Das bedingt sich aber der Verfasser des Gegenwärtigen aus, daß, da der praktische Politiker mit dem theoretischen auf dem Fuß steht, mit großer Selbstgefälligkeit auf ihn als einen Schulweisen herabzusehen, der dem Staat, welcher von Erfahrungsgrundsätzen ausgehen müsse, mit seinen sachleeren Ideen keine Gefahr bringe, und den man immer seine eilf Regel auf einmal werfen lassen kann, ohne daß sich der *weltkundige* Staatsmann daran kehren darf, dieser auch im Fall eines Streits mit jenem sofern consequent verfahren müsse, hinter seinen auf gut Glück gewagten und öffentlich geäußerten Meinungen nicht Gefahr für den Staat zu wittern;- durch welche *Clausula salvatoria* der Verfasser dieses sich dann hiemit in der besten Form wider alle bösliche Auslegung ausdrücklich verwahrt wissen will.

Erster Abschnitt,

welcher die Präliminarartikel zum ewigen Frieden unter Staaten enthält.

1."Es soll kein Friedensschluß für einen solchen gelten, der mit dem geheimen Vorbehalt des Stoffs für einen künftigen Kriege gemacht worden."

Denn alsdann wäre er ja ein bloßer Waffenstillstand, Aufschub der Feindseligkeiten, nicht *Friede,* der das Ende aller Hostilitäten bedeutet, und dem das Beiwort *ewig* anzuhängen ein schon verdächtiger Pleonasm ist. Die vorhandene, obgleich jetzt vielleicht den Paciscirenden selbst noch nicht bekannte, Ursachen zum künftigen Kriege sind durch den Friedensschluß insgesammt vernichtet, sie mögen auch aus archivarischen Documenten mit noch so scharfsichtiger Ausspähungsgeschicklichkeit ausgeklaubt sein. – Der Vorbehalt (reservatio mentalis) alter allererst künftig erst auszudenkender Prätensionen, deren kein Theil für jetzt Erwähnung thun mag, weil beide zu sehr erschöpft sind, den Krieg fortzusetzen, bei dem bösen Willen, die erste günstige Gelegenheit zu diesem Zweck zu benutzen, gehört zur Jesuitencasuistik und ist unter der Würde der Regenten, so wie die Willfährigkeit zu dergleichen Deductionen unter der Würde eines Ministers desselben, wenn man die Sache, wie sie an sich selbst ist, beurtheilt.-

Wenn aber nach aufgeklärten Begriffen der Staatsklugheit in beständiger Vergrößerung der Macht, durch welche Mittel es auch sei, die wahre Ehre des Staats gesetzt wird, so fällt freilich jenes Urtheil als schulmäßig und pedantisch in die Augen.

2."Es soll kein für sich bestehender Staat (klein oder groß, das gilt hier gleichviel) von einem anderen Staate durch Erbung, Tausch, Kauf oder Schenkung erworben werden können."

Ein Staat ist nämlich nicht (wie etwa der Boden, auf dem er seinen

Sitz hat) eine Habe (patrimonium). Er ist eine Gesellschaft von Menschen, über die Niemand anders, als er selbst zu gebieten und zu disponiren hat. Ihn aber, der selbst als Stamm seine eigene Wurzel hatte, als Propfreis einem anderen Staate einzuverleiben, heißt seine Existenz als einer moralischen Person aufheben und aus der letzteren eine Sache machen und widerspricht also der Idee des ursprünglichen Vertrags, ohne die sich kein Recht über ein Volk denken läßt. In welcher Gefaht das Vortheil dieser Erwerbungsart Europa, denn die anderen Welttheile haben nie davon gewußt, in unsern bis auf die neuesten Zeiten gebracht habe, daß sich nämlich auch Staaten einander heurathen könnten, ist jedermann bekannt, theils als eine neue Art von Industrie, sich auch ohne Aufwand von Kräften durch Familienbündnisse übermächtig zu machen, theils auch auf solche Art den Länderbesitz zu erweitern. – Auch die Verdingung der Truppen eines Staats an einen andern gegen einen nicht gemeinschaftlichen Feind ist dahin zu zählen; denn die Unterthanen werden dabei als nach Belieben zu handhabende Sachen gebraucht und verbraucht.

3."Stehende Heere (miles perpetuus) sollen mit der Zeit ganz aufhören."

Denn sie bedrohen andere Staaten unaufhörlich mit Krieg durch die Bereitschaft, immer dazu gerüstet zu erscheinen; reizen diese an, sich einander in Menge der Gerüsteten, die keine Grenzen kennt, zu übertreffen, und indem durch die darauf verwandten Kosten der Friede endlich noch drückender wird als ein kurzer Krieg, so sind sie selbst Ursache von Angriffskriegen, um diese Last loszuwerden, wozu kommt, daß, zum Tödten oder getödtet zu werden in Sold genommen zu sein, einen Gebrauch von

Menschen als bloßen Maschinen und Werkzeugen in der Hand eines Andern (des Staats) zu enthalten scheint, der sich nicht wohl mit dem Rechte der Menschheit in unserer eigenen Person vereinigen läßt. Ganz anders ist es mit der freiwilligen periodisch vorgenommenen Übung der Staatsbürger in Waffen bewandt, sich und ihr Vaterland dadurch gegen Angriffe von außen zu sichern. – Mit der Anhäufung eines Schatzes würde es eben so gehen, daß er, von anderen Staaten als Bedrohung mit Krieg angesehen, zu zuvorkommenden Angriffen nöthigte (weil unter den drei Mächten, der *Heeresmacht, der Bundesmacht* und der *Geldmacht,* die letztere wohl das zuverlässigste Kriegswerkzeug sein dürfte), wenn nicht die Schwierigkeit, die Größe desselben zu erforschen, dem entgegenstände.

4.“Es sollen Staatsschulden in Beziehung auf äußeren Staatshändel gemacht werden.“

Zum Behuf der Landesökonomie (der Wegebesserung, neuer Ansiedlungen, Anschaffung der Magazine für besorgliche Mißwachsjahre u.s.w.) außerhalb oder innerhalb dem Staate Hülfe zu suchen, ist die Hülfsquelle unverdächtig. Aber als entgegenwirkende Maschine der Mächte gegen einander ist ein Creditsystem ins Unabsehliche anwachsender und doch immer für die gegenwärtige Forderung (weil sie doch nicht von allen Gläubigern auf einmal geschehen wird) gesicherter Schulden – die sinnreiche Erfindung eines handeltreibenden Volks in diesem Jahrhundert -eine gefährliche Geldmacht, nämlich ein Schatz zum Kriegführen, der die Schätze aller andern Staaten zusammengenommen übertrifft und nur durch den einmal bevorstehenden Ausfall der Taxen (der doch auch durch die Belebung des Verkehrs vermittelst der Rückwirkung auf Industrie und Erwerb noch lange hingehalten wird) erschöpft werden kann. Diese Leichtigkeit Krieg zu führen, mit der Neigung der Machthabenden dazu, welche der menschlichen Natur eingeartet zu sein scheint, verbunden, ist also ein großes Hinderniß des ewigen Friedens, welches zu verbieten um desto mehr ein Präliminararttikel desselben sein müßte, weil der endlich doch unvermeidliche Staatsbankerott manche anderen Staaten unverschuldet in den Schaden mit verwickeln muß, welches eine öffentliche Läsion des letzteren sein würde. Mithin sind wenigstens andere Staaten berechtigt, sic gegen einen solchen und dessen Anmaßung zu verbünden.

5."Kein Staat soll sich in die Verfassung und Regierung eines anderen Staats gewaltthätig einmischen."

Denn was kann ihn dazu berechtigen? Etwa das Skandal, was er den Unterthanen eines andern Staats giebt? Es kann dieser vielmehr durch das Beispiel der großen Übel, die sich ein Volk durch seine Gesetzlosigkeit zugezogen hat, zur Warnung dienen; und überhaupt ist das böse Beispiel, was eine freie Person der andern giebt, (als scandalum acceptum) keine Läsion derselben. -Dahin würde zwar nicht zu ziehen sein, wenn ein Staat sich durch innere Verunreinigung in zwei Theile spaltete, deren jeder für sich einen besonderen Staat vorstellt, der auf das Ganze Anspruch macht, wo einem derselben Beistand zu leisten einen äußern Staat nicht für Einmischung in die Verfassung des andern (denn es ist alsdann Anarchie) angerechnet werden könnte. So lange aber dieser innere Streit noch nicht entschieden ist, würde diese Einmischung äußerer Mächte Verletzung der Rechte eines nur mit seiner inneren Krankheit ringenden, von keinem andern abhängigen Volks, selbst also ein gegebenes Skandal sein und die

Autonomie aller Staaten unsicher machen.

6. "Es soll sich kein Staat im Kriege mit einem andern solche Feindseligkeiten erlauben, welche das wechselseitige Zutrauen im künftigen Frieden unmöglich machen müssen: als da sind Anstellung der *Meuchelmörder* (percussores), *Giftmischer* (venefici), *Brechung der Capitulation, Anstiftung des Verraths* (perduellio) in dem bekriegten Staat."

Das sind ehrlose Strategien. Denn irgendein Vertrauen auf die Denkungsart des Feindes muß mitten im Kriege noch übrig bleiben, weil sonst auch kein Friede abgeschlossen werden könnte, und die Feinseligkeit in einem Ausrottungskrieg (bellum internecinum) ausschlagen würde; da der Krieg doch nur das traurige Nothmittel im Naturzustand ist (wo kein Gerichtshof vorhanden ist, der rechtskräftig urtheilen könnte), durch Gewalt sein Recht zu behaupten; wo keiner von beiden Theilen für einen ungerechten Feind erklärt werden kann (weil das schon einen Richterspruch voraussetzt), sondern der *Ausschlag* desselben (gleich als vor einem so genannten Gottesgerichte) entscheidet, auf wessen Seite das Recht ist; zwischen Staaten aber sich kein Bestrafungskrieg (bellum punitivum) denken läßt (weil zwischen ihnen kein Verhältniß eines Obern zu einem Untergebenen statt findet).-Woraus denn folgt: daß ein Ausrottungskrieg, wo die Vertilgung beide Theile zugleich und mit dieser auch alles Rechts treffen kann, den ewigen Frieden nur auf dem großen Kirchhofe der Menschengattung statt finden lassen würde. Ein solcher Krieg also, mithin auch der Gebrauch der Mittel, die dahin führen, muß schlechterdings unerlaubt sein. – Daß aber die genannten Mittel unvermeidlich dahin führen, erhellt daraus daß jene höllisch Künste, da sie an sich selbst niederträchtig sind, wenn sie in

78

Gebrauch gekommen, sich nicht lange innerhalb der Grenze des Krieges halten, wie etwa der Gebrauch der Spione (uti exploratoribus),wo nur die Ehrlosigkeit *Anderer* (die nun einmal nicht ausgerottet werden kann) benutzt wird, sondern auch in den Friedenszustand übergehen und so die Absicht desselben gänzlich vernichtet würden.

Obgleich die angeführten Gesetze objectiv, d.h. in der Intention der Machthabenden, lauter *Verbotgesetze* (leges prohibitivae) sind, so sind doch einige derselben von der *strengen,* ohne Unterschied der Umstände geltenden Art (leges strictae), die *sofort* auf Abschaffung dringen (wie Nr. 1,5,6), andere aber (wie Nr. 2,3,4), die zwar nicht als Ausnahmen von der Rechtsregel, aber doch in Rücksicht auf die *Ausübung* derselben, durch die Umstände, *subjectiv* für die Befugniß erweiternd (lege latae), und Erlaubnisse enthalten, die Vollführung *aufzuschieben* , ohne doch den Zweck aus den Augen zu verlieren, der diesen Aufschub, z. B. der *Wiedererstattung* der gewissen Staaten nach Nr.2 entzogenen Freiheit, nicht auf den Nimmertag (wie August zu versprechen pflegte, ad calendras graecas) auszusetzen, mithin die Nichterstattung, sondern nur, damit sie nicht übereilt und so der Absicht selbst zuwider geschehe, die Verzögerung erlaubt. Denn das Verbot betrifft hier nur die *Erwerbungsart*, die fernerhin nicht gelten soll, aber nicht den *Besitzstand,* der, ob er zwar nicht den erforderlichen Rechtstitel hat, doch zu seiner Zeit (der putativen Erwerbung) nach der damaligen öffentlichen Meinung von allen Staaten für rechtmäßig gehalten wurde.

Zweiter Abschnitt,

welcher die Definitivartikel zum ewigen Frieden unter Staaten enthält.

Der Friedenszustand unter Menschen, die neben einander leben, ist kein Naturzustand (status naturalis), der vielmehr ein Zustand des Krieges ist, d.i. wenn gleich nicht immer ein Ausbruch der Feindseligkeiten, doch immerwährende Bedrohung mit denselben. Er muß also *gestiftet* werden, denn die Unterlassung der letzteren ist noch nicht Sicherheit dafür, und ohne daß sie einem Nachbar von dem andern geleistet wird (welches aber nur in einem *gesetzlichen* Zustande geschehen kann), kann jener diesen, welchen er dazu aufgefordert hat, als einen Feind behandeln.

Erster Definivartikel zum ewigen Frieden.

Die bürgerliche Verfassung in jedem Staate soll republikanisch sein.

Die erstliche nach Principien der *Freiheit* der Glieder einer Gesellschaft (als Menschen), zweitens nach Grundsätzen der *Abhängigkeit* aller von einer einzigen gemeinsamen Gesetzgebung (als Unterthanen) und drittens die nach dem Gesetz der *Gleichheit* derselben (*als Staatsbürger*) gestiftete Verfassung – die einzige, welche aus der Idee des ursprünglichen Vertrags hervorgeht, auf der alle rechtliche Gesetzgebung eines Volks gegründet sein muß – ist die *republikanische.* Diese ist also, was das Recht betrifft, an sich selbst diejenigen, welche allen Arten der bürgerlichen Constitution ursprünglich zum Grunde liegt; und nun ist nur die Frage: ob sie auch die einzige ist, die zum ewigen Frieden hinführen kann.

Nun hat aber die republikanische Verfassung außer der Lauterkeit ihres Ursprungs, aus dem reinen Duell des Rechtsbegriffs entsprungen zu sein, noch die Aussicht in die gewünschte Folge, nämlich den ewigen Frieden, wovon der Grund dieser ist. – Wenn (wie es in dieser Verfassung nicht anders sein kann) die Bestimmung der Staatsbürger dazu erfordert wird, um zu beschließen , ob Krieg sein solle, oder nicht, so ist nichts natürlicher, als daß, da sie alle Drangsale des Krieges über sich selbst beschließen müßten (als da sind: selbst zu fechten, die Kosten des Krieges aus ihrer eigenen Habe herzugeben; die Verwüstung, die er hinter sich läßt, kümmerlich zu verbessern; zum Übermaße des Übels endlich noch eine den Frieden selbst verbitternde, nie (wegen naher, immer neuer Kriege) zu tilgende Schuldenlast selbst zu übernehmen), sie sich sehr bedenken werden, ein so schlimmes Spiel anzufangen; da hingegen in einer Verfassung, wo der Unterthan nicht Staatsbürger, die also nicht republikanisch ist, es die unbedenklichste Sache von der Welt ist, weil das Oberhaupt nicht Staatsgenosse, sondern Staatseigentümer ist, an seinen Tafeln, Jagden, Lustschlössern, Hoffesten u.d.gl. durch den Krieg nicht das Mindeste einbüßt, diesen also wie eine Art von Lustpartie aus unbedeutenden Ursachen beschließen und der Anständigkeit wegen dem dazu allezeit fertiger diplomatischen Corps die Rechtfertigung desselben gleichgültig überlassen kann.

Damit man die republikanische Verfassung nicht (wie gemeiniglich geschieht) mit der demokratischen verwechsele, muß Folgendes bemerkt werden. Die Formen eines Staats (civitas) können entweder nach dem Unterschiede der Personen, welche die oberste Staatsgewalt inne haben, oder nach der *Regierungsart* des Volks durch sein Oberhaupt, er mag sein, welcher er wolle, eingetheilt werden; die erste heißt eigentlich die Form der *Beherrschung* (formus imperii), und es sind nur drei derselben möglich, wo nämlich entweder nur *Einer,* oder *Einzige* unter sich verbunden, oder *Alle* zusammen, welche die bürgerliche Gesellschaft ausmachen, die Herrschergewalt besitzen (*Autokratie, Aristokratie und Demokratie,* Fürstengewalt, Adelsgewalt und Volksgewalt). Die zweite ist die Form der Regierung (forma regiminis) und betrifft die auf die Constitution (den Act des allgemeinen Willens, wodurch die Menge ein Volk wird) gegründete Art, wie der Staat von seiner Machtvollkommenheit Gebrauch macht: und ist in dieser Beziehung entweder *republikanisch* oder *despotisch.* Der *Republikanism* ist das Staatsprinzip der Absonderung der ausführenden Gewalt (der Regierung) von der gesetzgebenden; der Depotism ist das der eigenmächtigen Vollziehung des Staats von Gesetzen, die er selbst gegeben hat, mithin der öffentliche Wille, sofern er von dem Regenten als sein Privatwille gehandhabt wird. – Unter den drei Staatsformen ist die der *Demokratie* im eigentlichen Verstande des Worts nothwendig ein *Despotism,* weil sie eine exekutive Gewalt gründet, da alle über und allenfalls auch wider Einen (der also nicht mit einstimmt), mithin Alle, die doch nicht Alle sind, beschließen; welches ein Widerspruch des allgemeinen Willens mit sich selbst und mit der Freiheit ist.

Alle Regierungsform nämlich, die nicht *repräsentativ* ist, ist eigentlich eine *Unform,* weil der Gesetzgeber in einer und derselben Person zugleich Vollstrecker seines Willens (so wenig wie das Allgemeine des Obersatzes in einem Vernunftschlusse zugleich die Subsumtion des Besonderen unter jenem im Untersatze) sein kann; und wenn gleich die zwei andern Staatsverfassungen so fern immer fehlerhaft sind, daß sie einer solchen Regierungsart Raum geben, so ist es bei ihnen doch wenigstens möglich, daß sie eine dem *Geiste* eines repräsentativen Systems gemäße Regierungsart annähmen, wie etwa Friedrich II. wenigstens *sagte:* er sei bloß der oberste Diener des Staats, da hingegen die demokratische es unmöglich macht, weil Alles da Herr sein will. – Man kann daher sagen: je kleiner das Personale der Staatsgewalt (die Zahl der Herrscher), je größer dagegen die Repräsentation derselben, desto mehr stimmt die Staatsverfassung zur Möglichkeit des Republikanism , und sie kann hoffen, durch allmähliche Reformen sich dazu endlich erheben. Aus diesem Grunde ist es in der Aristokratie schon schwerer als in der Monarchie, in der Demokratie aber unmöglich anders als durch gewaltsame Revolution zu dieser einzigen vollkommenen rechtlichen Verfassung zu gelangen. Es ist aber an der Regierungsart 2 dem Volk ohne alle Vergleichung mehr gelegen, als an der Staatsform (wiewohl auch auf dieser ihre mehrere oder mindere Angemessenheit zu jenem Zwecke sehr viel ankommt). Zu jener aber, wenn sie dem Rechtsbegriffe gemäß sein soll, gehört das repräsentative System, in welchem allein eine republikanische Regierungsart möglich, ohne welches sie (die Verfassung mag sein, welches sie wolle) despotisch und gewaltthätig ist. – Keine der alten sogenannten Republiken hat diese gekannt, und sie mußten sich darüber auch schlechterdings in dem Despotism auflösen, der unter der Obergewalt eines Einzigen noch der erträglichste unter allen ist.

Zweiter Definitivartikel zum ewigen Frieden.

Das Völkerrecht soll auf einen *Föderalism* freier Staaten gegründet sein.

Völker als Staaten können wie einzelne Menschen beurtheilt werden, die sich in ihrem Naturzustande (d.i. in der Unabhängigkeit von äußeren Gesetzes) schon durch ihr Nebeneinandersein lädiren, und deren jeder um seiner Sicherheit willen von dem andern fordern kann und soll, mit ihm in eine der bürgerlichem ähnliche Verfassung zu treten, wo jedem sein Recht gesichert werden kann. Dies wäre ein *Völkerbund,* der aber gleichwohl kein Völkerstaat sein müßte. Darin aber wäre ein Widerspruch: weil jeder Staat das Verhältniß eines *Oberen* (Gesetzgebenden) zu einem *Unteren* (Gehorchenden, nämlich dem Volk) enthält, viele Völker aber in einem Staate nur ein Volk ausmachen würden, welches (da wir hier das Recht der *Völker* gegen einander zu erwägen haben, so fern sie so viel verschiedene Statten ausmachen und nicht in einem Staat zusammenschmelzen sollen) der Voraussetzung widerspricht.

Gleichwie wir nun die Anhänglichkeit der Wilden an ihre gesetzlose Freiheit, sich lieber unaufhörlich zu balgen, als sich einem gesetzlichen, von ihnen selbst zu constituirenden Zwange zu unterwerfen, mithin die tolle Freiheit der vernünftigen vorzuziehen, mit tiefer Verachtung ansehen und als Rohigkeit , Ungeschliffenheit und viehische Abwürdigung der Menschheit betrachten , so, sollte man denken, müßten gesittete Völker (jedes für sich zu einem Staat vereinigt) eilen, aus einem so verworfenen Zustande je eher desto lieber herauszukommen: statt dessen aber setzt vielmehr jeder *Staat* seine Majestät (denn Volksmajestät ist ein ungereimter Ausdruck) gerade darin, gar keinem äußeren gesetzlichem Zwange unterworfen zu sein, und der Glanz seines Oberhauptes besteht darin, daß ihm , ohne daß er sich eben selbst in Gefahr setzen darf, viele Tausende zu Gebot stehen, sich für eine Sache, die sie nichts angeht, aufopfern zu lassen, und der Unterschied der europäischen Wilden von den amerikanischen besteht hauptsächlich darin, daß, da manche Stämme der letzteren von ihren Feinden gänzlich sind gegessen worden, die ersteren ihre Überwundene besser zu benutzen wissen, als sie zu verspeisen, und lieber die Zahl ihrer Unterthanen, mithin auch die Menge der Werkzeuge zu noch ausgebreitetern Kriegen durch sie zu vermehren wissen.

Bei der Bösartigkeit der menschlichen Natur, die sich im freien Verhältniß der Völker unverhohlen blicken läßt (indessen daß sie im bürgerlich-gesetzlichen Zustande durch den Zwang der Regierung sich sehr verschleiert), ist es doch zu verwundern, daß das Wort *Recht* aus der Kriegspolitik noch nicht als pedantisch ganz hat verwiesen werden können, und sich auch kein Staat erkühnt hat, sich für die letztere Meinung öffentlich zu erklären; denn noch werden *Hugo Grotius, Pufendorf, Vattel* u.a.m. (lauter leidige Tröster), obgleich ihr Codex, philosophisch oder diplomatisch abgefaßt, nicht die mindeste *gesetzliche* Kraft hat, oder auch nur haben kann (weil Staaten als solche nicht unter einem gemeinschaftlichen äußeren Zwange stehen),immer treuherzig zur *Rechtfertigung* eines Kriegsangriffs angeführt, ohne daß es ein Bespiel giebt, daß jemals ein Staat durch mit Zeugnissen so wichtiger Männer bewaffnete Argumente wäre bewogen worden, von seinem Vorhaben abzustehen. – Diese Huldigung, die jeder Staat dem Rechtsbegriffe (wenigstens den Worten nach) leistet, beweist doch, daß eine noch größere, obzwar zur Zeit schlummernde, moralische Anlage im Menschen anzutreffen sei, über das böse Prinzip in ihm (was er nicht ableugnen kann) doch einmal Meister zu werden und dies auch von andern zu hoffen; denn sonst würde das Wort *Recht* den Staaten, die sich einander befehden wollen, nie in den Mund kommen, es sei denn, bloß um seinen Spott damit zu treiben, wie jener gallische Fürst es erklärte: „Es ist der Vorzug, den die Natur dem Stärkern über den Schwächern gegeben hat, daß dieser ihm gehorchen soll."

Da die Art, wie Staaten ihr Recht verfolgen, nie wie bei einem äußern Gerichtshofe der Proceß, sondern nur der Krieg sein kann, durch diesen aber und seinen günstigen Ausschlag, den *Sieg*, das Recht nicht entschieden wird, und durch den *Friedensvertrag* zwar wohl dem diesmaligen Kriege, aber nicht dem

Kriegszustande (immer zu einem neuen Vorwand zu finden) ein Ende gemacht wird (den man auch nicht geradezu für ungerecht erklären kann, weil in diesem Zustand jeder in seiner eigenen Sache Richter ist), gleichwohl aber von Staaten nach dem Völkerrecht nicht eben das gelten kann, was von Menschen im gesetzlosen Zustande nach dem Naturrecht gilt, „aus diesem Zustande herausgehen zu sollen", (weil sie als Staaten innerlich schon eine rechtliche Verfassung haben und also dem Zwange anderer, sie nach ihren Rechtsbegriffen unter eine erweiterte gesetzliche Verfassung zu bringen, entwachsen sind), indessen daß doch die Vernunft vom Throne der höchsten moralisch gesetzgebenden Gewalt herab den Krieg als Rechtsgang schlechterdings verdammt, den Friedenszustand dagegen zur unmittelbaren Pflicht macht, welcher doch ohne einen Vertrag der Völker unter sich nicht gestiftet oder gesichert werden kann: - so muß es einen Bund von besonderer Art geben, den man den *Friedensbund* (foedus pacificum) nennen kann, der vom *Friedensvertrag* (pactum pacis) darin unterschieden sein würde, daß dieser bloß *einen* Krieg , jener aber *alle* Kriege auf immer zu endigen suchte. Dieser Bund geht auf keinen Erwerb irgend einer Macht des Staats, sondern lediglich auf Erhaltung und Sicherung der *Freiheit* eines Staats für sich selbst und zugleich anderer verbündeter Staaten, ohne daß diese doch sich deshalb wie Menschen im Naturzustande) öffentlichen Gesetzen und einem Zwange unter denselben unterwerfen dürfen. – Die sich allmählig über alle Staaten erstrecken soll und so zum ewigen Frieden hinfürth, läßt sich darstellen. Denn wenn das Glück es so fügt: daß ein mächtiges und aufgeklärtes Volk sich zu einer Republik (die ihrer Natur nach zum ewigen Frieden geneigt sein muß) bilden kann, so giebt diese einen Mittelpunkt der förderativen Bereinigung für andere Staaten ab, um sich an sie anzuschließen und so den Freiheitszustand der Staaten gemäß der Idee des

Völkerrechts zu sichern und sich durch mehrere Verbindungen dieser Art nach und nach immer weiter auszubreiten.

Daß ein Volk sagt: "Es soll unter uns kein Krieg sein; denn wir wollen uns in einen Staat formiren, d.i. uns selbst eine oberste gesetzgebende, regierende und richtende Gewalt setzen, die unsere Streitigkeiten friedlich ausgleicht" – das läßt sich verstehen. –Wenn aber dieser Staat sagt: "Es soll kein Krieg zwischen mir und andern Staaten sein, obgleich ich keine oberste gesetzgebende Gewalt erkenne, die mir mein und der ich ihr Recht sichere", so ist es gar nicht zu verstehen, worauf ich dann das Vertrauen zu meinem Rechte gründen wolle, wenn es nicht das Surrogat des bürgerlichen Gesellschaftsbundes, nämlich der freie Föderalism, ist, den die Vernunft mit dem Begriffe des Völkerrechts nothwendig verbinden muß, wenn überall etwas dabei zu denken übrig bleiben soll.

Bei dem Begriffe des Völkerrechts, als eines Rechts *zum* Kriege, läßt sich eigentlich gar nichts denken (weil es ein Recht sein soll, nicht nach allgemein gültigen äußern, die Freiheit jedes Einzelnen einschränkenden Gesetzen, sondern nach einseitigen Maximen durch Gewalt, was Recht sei, zu bestimmen), es müßte denn darunter verstanden werden: daß Menschen, die so gesinnt sind, ganz recht geschieht, wenn sie sich unter einander aufreiben und also den ewigen Frieden in dem weiten Grabe finden, das alle Gräuel der Gewaltthätigkeit sammt ihren Urhebern bedeckt. – Für Staaten im Verhältnisse unter einander kann es nach der Vernunft keine andere Art geben, aus dem gesetzlosen Zustande, der lauter Krieg enthält, herauszukommen, als daß sie eben so wie einzelne Menschen ihre wilde (gesetzlose) Freiheit aufgeben, sich zu öffentlichen Zwangsgesetzen bequemen und so einen (freiheitlich immer wachsenden) *Völkerstaat* (civitas gentium), der zuletzt alle Völker der Erde befassen würde, bilden.Da sie dieses aber nach ihrer Idee vom Völkerrecht durchaus nicht wollen, mithin, was in thesi richtig ist, in hypothesi verwerfen, so kann an die Stelle der positiven Idee *einer Weltrepublik* (wenn nicht alles verloren werden soll) nur das *negative* Surrogat eines den Krieg abwehrenden, bestehenden und sich immer ausbreitenden *Bundes* den Strom der rechtscheuenden, feindseligen Neigung aufhalten, doch mit beständiger Gefahr ihres Ausbruchs (Furor impius intus – fremit horridus ore cruento. *Virgil*).

Dritter Definitivartikel zum ewigen Frieden.

„*Das Weltbürgerrecht* soll auf Bedingungen der allgemeinen *Hospitalität* eingeschränkt sein."

Es ist hier wie in den vorigen Artikeln nicht von Philanthropie, sondern vom *Recht* die Rede, und da bedeutet *Hospitalität* (Wirthbarkeit) das Recht eines Fremdlings, seiner Ankunft auf dem Boden eines andern wegen von diesem nicht feindselig behandelt zu werden. Dieser kann ihn abweisen, wenn es ohne seinen Untergang geschehen kann, so lange er aber auf seinem Platz sich friedlich verhält, ihm nicht feindlich begegnen. Es ist kein *Gastrecht,* worauf dieser Anspruch machen kann (wozu ein besonderer wohlthätiger Vertrag erfordert werden würde, ihn auf eine gewisse Zeit zum Hausgenossen zu machen), sondern ein *Besuchsrecht,* welches allen Menschen zusteht, sich zur Gesellschaft anzubieten vermöge des Rechts des gemeinschaftlichen Besitzes der Oberfläche der Erde, auf der als Kugelfläche sie sich nicht ins Unendliche zerstreuen können, sondern endlich sich doch nebeneinander dulden müssen, ursprünglich aber niemand an einem Orte der Erde zu sein mehr Recht hat, als der Andere. – Unbewohnbare Theile dieser

Oberfläche, das Meer und die Sandwüsten, trennen diese Gemeinschaft, doch so, daß das *Schiff,* oder das *Kameel* (das *Schiff* der Wüste) es möglich machen, über diese herrenlose Gegend sich einander zu nähern und das Recht der *Oberfläche,* welches der Menschengattung gemeinschaftlich zukommt, zu einem möglichen Verkehr zu benutzen. Die Unwirthbarkeit der Seeküsten (z.B. der Barbaresken), Schiffe in nahen Meeren zu rauben, oder gestrandete Schiffsleute zu Sklaven zu machen, oder die der Sandwüsten (der arabischen Beduinen), die Annäherung zu den nomadischen Stämmen als ein Recht anzusehen, sie zu plündern, ist also dem Naturrecht zuwider, welches Hospitalitätsrecht aber, d. i. die Befugniß der fremden Ankömmlinge, sich nicht weiter erstreckt, als auf die Bedingungen der Möglichkeit, einen Verkehr mit den alten Einwohnern zu *versuchen* .- Auf diese Art können entfernte Welttheile mit einander friedlich in Verhältnisse kommen, die zuletzt öffentlich gesetzlich werden und so das menschliche Geschlecht endlich einer weltbürgerlichen Verfassung immer näher bringen können.

Vergleicht man hiemit das *inhospitale* Betragen der gesitteten, vornehmlich handelstreibenden Staaten unseres Weltheils, so geht die Ungerechtigkeit, die sie in dem *Besuche* fremder Länder und Völker (welches ihnen mit dem *Erobern* derselben für einerlei gilt) beweisen, bis zum Erschrecken weit. Amerika, die Negerländer, die Gewürzinseln, das Cap waren bei ihrer Entdeckung für sie Länder, die keinem angehörten: denn die Einwohner rechneten sie für nichts. In Ostindien (Hindustan) brachten sie unter dem Vorwande blos beabsichtigter Handelsniederlagen fremde Kriegesvölker hinein, mit ihnen aber Unterdrückung der Eingebornen, Aufwiegelung der verschiedenen Staaten desselben zu weit ausgebreiteten

Kriegen, Hungersnoth, Aufruhr, Treulosigkeit, und wie die Litanei aller Übel, die das menschliche Geschlecht drücken, weiter lauten mag.

China und Japan (*Nipon*), die den Versuch mit solchen Gästen gemacht hatten, haben daher weislich, jenes zwar den Zugang, aber nicht den Eingang, dieses auch den ersteren nur einem einzigen europäischen Volk, den Holländern, erlaubt, die sie aber doch dabei wie Gefangene von der Gemeinschaft mit den Eingebornen ausschließen. Das Ärgste hiebei (oder, aus dem Standpunkte eines moralischen Richters betrachtet, das Beste) ist, daß sie dieser Gewaltthätigkeit nicht einmal froh werden, daß alle diese Handlungsgesellschaften auf dem Punkte des nahen Umsturzes stehen, daß die Zuckerinseln, dieser Sitz der allergrausamsten und ausgedachtesten Sklaverei, keinen wahren Ertrag abwerfen, sondern nur mittelbar und zwar zu einer nicht sehr löblichen Absicht, nämlich zu Bildung der Matrosen für Kriegsflotten und also wieder zu Führung der Kriege in Europa, dienen, und diesen Mächten, die von der Frömmigkeit viel Werks machen und, indem sie Unrecht wie Wasser trinken, sich in der Rechtgläubigkeit für Auserwählte wissen wollen.

Da es nun mit der unter den Völkern der Erde einmal durchgängig überhand genommenen (engeren oder weiteren) Gemeinschaft so weit gekommen ist, daß die Rechtsverletzung an *einem* Platz der Erde *an allen* geführt wird: so ist die Idee eines Weltbürgerrechts keine phantastische und überspannte Vorstellungsart des Rechts, sondern eine nothwendige Ergänzung des ungeschriebenen Codex sowohl des Staats- als Völkerrechts zum öffentlichen Menschenrechte überhaupt und so zum ewigen Frieden , zu dem man sich in der continuirlichen Annäherung zu befinden nur unter dieser Bedingung schmeicheln darf.

90

Erster Zusatz.

Von der Garantie des ewigen Friedens.

Das, was diese *Gewähr* (Garantie) leistet, ist nichts Geringeres, als die große Künstlerin *Natur* (natura daedala rerum), aus deren mechanischem Laufe sichtbarlich Zweckmäßigkeit hervorleuchtet, durch die Zwietracht der Menschen Eintracht selbst wider ihren Willen emporkommen zu lassen, und darum, gleich als Nöthigung einer ihren Wirkungsgesetzen nach uns unbekannten Ursache, *Schicksal*, bei Erwägung aber ihrer Zweckmäßigkeit im Laufe der Welt, als tiefliegende Weisheit einer höheren , auf den objectiven Endzweck des menschlichen Geschlechts gerichteten und diesen Weltlauf prädeterminirenden Ursache *Vorsehung* genannt wird , die wir zwar eigentlich an diesen Kunstanstalten der Natur *erkennen* , oder auch nur daraus auf sie *schließen,* sondern (wie in aller Beziehung der Form der Dinge auf Zwecke überhaupt) nur *hinzudenken* können und müssen, um)noch fn1) uns von ihrer Möglichkeit nach der Analogie menschlicher Kunsthandlungen einem Begriff zu machen, deren Verhältniß und Zusammenstimmung aber zu dem Zwecke, den uns die Vernunft unmittelbar zuschreibt, (dem moralischen) sich vorzustellen, eine Idee ist, die zwar in *theoretischer* Absicht überschwenglich, in praktischer aber (z.B. in Ansehung des Pflichtbegriffs *vom ewigen Frieden,* um jenen Mechanism der Natur dazu benutzen) dogmatisch und in ihrer Realität nach wohl begründet ist. -Der Gebrauch des Worts *Natur* ist auch, wenn es wie hier bloß um Theorie (nicht um Religion) zu thun ist, schicklicher für die Schranken der menschlichen Vernunft (als die sich in Ansehung des Verhältnisses der Wirkungen zu ihren Ursachen innerhalb den Grenzen möglicher Erfahrung halten muß) und *bescheidener* als der Ausdruck einer für uns erkennbaren *Vorsehung*, mit dem man sich vermessenerweise ikarische Flügel ansetzt, um dem Geheimniß ihrer unergründlichen Absicht näher zu kommen.

Ehe wir nun diese Gewährleistung näher bestimmen, wird es nöthig sein, vorher den Zustand nachzusuchen, den die Natur für die auf ihrem großen Schauplatz handelnden Personen veranstaltet hat, der ihre Friedenssicherung zuletzt nothwendig macht, -alsdann aber allererst die Art, wie diese leiste.

Ihre provisorische Veranstaltung besteht darin, daß sie 1) für die Menschen in allen Erdgegenden gesorgt hat, daselbst leben zu können; - 2) sie durch *Krieg* allerwärts hin, selbst in die unwirthbarsten Gegenden getrieben hat, selbst in die verwirthbarsten Gegenden getrieben hat, um sie zu bevölkern; 3)- durch eben denselben sie in mehr oder weniger gesetzliche Verhältnisse zu treten genöthigt hat. – Daß in den kalten Wüsten am Eismeer noch das Moos wächst, welches das *Rennthier* unter dem Schnee hervorscharrt, um selbst die Nahrung, oder auch das Angespann des Ostjaken oder Samojeden zu sein; oder daß die salzichten Sandwüsten doch noch dem *Kameel*, welches zur Bereisung derselben gleichsam geschaffen zu sein scheint, um sie nicht unbenutzt zu lassen, enthalten, ist schon bewundernswürdig. Noch deutlicher aber leuchtet der Zweck hervor, wenn man gewahr wird, wie außer den bepelzten Thieren am Ufer des Eismeeres noch Robben, Wallrosse und Wallfische an ihrem Fleische Nahrung und mit ihrem Thran Feurung für die dortigen Anwohner darreichen. Am meisten aber erregt die Vorsorge der Natur durch das Treibholz Bewunderung, was sie (ohne daß man recht weiß, wo es herkommt) diesen gewächslosen Gegenden zubringt, ohne welches Material sie weder ihre Fahrzeuge und Waffen,noch ihre Hütten zum Aufenthalt zurichten könnten, wo sie dann mit dem Kriege gegen die Thiere genug zu thun haben, um unter sich friedlich zu leben.

– Was sie aber *dahin getrieben* hat, ist vermuthlich nichts anders als der Krieg gewesen. Das erste *Kriegswerzeug* aber unter allen Thieren, die der Mensch binnen der Zeit der Erdbevölkerung zu zähmen und häuslich zu machen gelernt hatte, ist das *Pferd* (denn der Elephant gehört in die spätere Zeit , nämlich des Luxus schon errichteter Staaten), so wie die Kunst , gewisse für uns jetzt ihrer ursprünglichen Beschaffenheit nach nicht mehr erkennbare Grasarten, *Getreide* genannt, anzubauen, ingleichen die Vervielfältigung und Verfeinerung der *Obstarten* durch Verpflanzung und Einpfropfung (vielleicht in Europa bloß zweier Gattungen, der Holzäpfel und Holzbirnen) nur im Zustande schon errichteter Staaten, wo gesichertes Grundeigenthum statt fand, entstehen konnte, - nachdem die Menschen vorher in gesetzloser Freiheit von dem *Jagd-* Fischer- und Hirtenleben bis zum *Ackerleben* durchgedrungenen waren, und nun *Salz* und *Eisen* erfunden ward, vielleicht die ersten weit und breit gesuchten Artikel eines Handelsverkehrs verschiedener Völker , wodurch sie zuerst in ein *friedliches Verhältniß* gegen einander und so selbst mit Entfernteren in Einverständniß, Gemeinschaft und friedliches Verhältniß unter einander gebracht wurden.

Indem die Natur nun dafür gesorgt hat, daß Menschen allerwärts auf Erden leben *könnten,* so hat sie zugleich auch despotisch gewollt, daß sie allerwärts leben *sollten,* wenn gleich wider ihre Neigung, und selbst ohne daß dieses Sollen zugleich einen Pflichtbegriff voraussetzte, der sie hierzu vermittelst eines moralischen Gesetzes verbände, - sondern sie hat, zu diesem ihrem Zweck zu gelangen, den Krieg gewählt. – Wir sehen nämlich Völker, die an der Einheit ihrer Sprache die Einheit ihrer Abstammung kennbar machen, wie die *Samojeden* am Eismeer einerseits und ein Volk von ähnlicher Sprache, zweihundert Meilen davon entfernt, im *Altaischen* Gebirge andererseits, wozwischen sich ein anderes, nämlich mongalisches, berittenes und hiemit kriegerisches Volk, gedrängt und so jenen Theil ihres Stammes weit von diesem in die unwirthbarsten Eisgegenden versprengt hat, wo sie gewiß nicht aus eigener Neigung sich hin verbreitet hätten 1, - eben so die *Finnen* in der nördlichsten Gegend von Europa, *Lappen* genannt, von den jetzt so weit entfernten, aber der Sprache nach mit ihnen verwandten *Ungern* durch dazwischen eingedrungene gothische and sarmatische Völker getrennt; und was kann wohl anders die *Eskimos* (vielleicht uralte europäische Abenteurer, ein von allen Amerikanern ganz unterschiedenes Geschlecht) im Norden und die *Pescheräs* im Süden von Amerika bis zum Feuerlande hingetrieben haben, als der Krieg, dessen sich die Natur als Mittels bedient, die Erde allerwärts zu bevölkern? Der Krieg aber selbst bedarf keines besonderen Bewegungsgrundes, sondern scheint auf die menschliche Natur gepfropft zu sein und sogar als etwas Edles, wozu der Mensch durch den Ehrtrieb ohne eigennützige Triebfedern beseelt wird, zu gelten: so daß *Kriegesmuth* (von amerikanischen Wilden sowohl , als den europäischen in den Ritterszeiten) nicht bloß, *wenn* Krieg ist (wie billig), sondern auch, *daß* Krieg sei, von unmittelbarem großem Werth zu sein geurtheilt wird, und er oft, bloß um jenen zu zeigen, angefangen, mithin in dem Kriege an sich selbst eine innere *Würde* gesetzt wird, sogar daß ihm auch wohl Philosophen, als einer gewissen Veredelung der Menschheit, eine Lobrede halten uneingedenk des Ausspruchs jenes Griechen: "Der Krieg ist darin schlimm, daß er mehr böse Leute macht, als er deren wegnimmt." – So viel von dem, was die Natur *für ihren eigenen Zweck* in Ansehung der Menschengattung als einer Thierklasse thut.

Jetzt ist die Frage, die das Wesentliche der Absicht auf dem ewigen Frieden betrifft. Was die Natur in dieser Absicht beziehungsweise auf den Zweck, den dem Menschen seine eigene Vernunft zur Pflicht macht, mithin zu Begünstigung seiner *moralischen Absicht* thue, und wie sie die Gewähr leiste, daß dasjenige, was der Mensch nach Freiheitsgesetzen thun *sollte,* aber nicht thut, dieser Freiheit unbeschadet auch durch einen Zwang der Natur, daß er es thun *werde* , gesichert sei, und zwar nach allen drei Verhältnissen den öffentlichen Rechts, des *Staats-, Völker-* und *weltbürgerlichen Rechts.* – Wenn ich von der Natur sage: sie *will,* daß dieses oder jenes geschehe, so heißt das nicht soviel als sie legt uns eine *Pflicht* auf, es zu thun (denn das kann nur die zwangsfreie praktische Vernunft), sondern sie *thut* es selbst, wir mögen wollen oder nicht (fata volentem ducunt, nolentem trahunt).

1.Wenn ein Volk auch nicht durch innere Mißhelligkeit genöthigt würde, sich unter den Zwang öffentlicher Gesetze zu begeben, so würde es doch der Krieg von außen thun, indem nach der vorher erwähnten Naturanstalt ein jedes Volk ein anderes es drängende Volk zum Nachbar vor sich findet, gegen das es sich innerlich zu einem *Staat* bilden muß, um als *Macht* gegen diesen gerüstet zu sein. Nun ist die *republikanische* Verfassung die einzige, welche dem Recht der Menschen vollkommen angemessen, aber auch die schwerste zu stiften, vielmehr noch zu erhalten ist, dermaßen daß viele behaupten, es müsse ein Staat von *Engeln* sein, weil Menschen mit ihren selbstsüchtigen Neigungen einer Verfassung von so sublimer Form nicht fähig wären. Aber nun kommt die Natur dem verehrten, aber zur Praxis ohnmächtigen allgemeinen, in der Vernunft gegründeten Willen und zwar gerade durch jene selbstsüchtigen Neigungen zu Hülfe, so daß es nur auf eine gute Organisation des Staats ankommt (die allerdings im Vermögen der Menschen ist), jener ihre Kräfte so gegen einander zu richten, daß eine die anderen in ihrer zerstörenden Wirkung aufhält, oder diese aufhebt: so daß der Erfolg für die Vernunft so ausfällt, als wenn beide gar nicht da wären, und so der Mensch, wenn gleich nicht ein moralisch-guter Mensch, dennoch ein guter Bürger zu sein gezwungen wird. Das Problem der Staatserrichtung ist, so hart wie es auch klingt, selbst für ein Volk von Teufeln (wenn sie nur Verstand haben) auflösbar und lautet so: „Eine Menge von vernünftigen Wesen, die insgesammt allgemeine Gesetze für ihre Erhaltung verlangen, deren jedes aber insgeheim sich davon auszunehmen geneigt ist, so zu ordnen und ihre Verfassung einzurichten, daß, obgleich sie in ihren Privatgesinnungen , daß in ihrem öffentlichen Verhalten der Erfolg eben derselbe ist, als ob sie keine solche böse Gesinnungen hätten." Ein solches Problem muß *auflöslich* sein. Denn es ist nicht die moralische Besserung der Menschen, sondern nur der Mechanism der Natur, von dem die Aufgabe zu wissen verlangt, wie man ihn an Menschen benutzen könne, um den Widerstreit ihrer unfriedlichen Gesinnungen in einem Volk so zu richten, daß sie sich unter Zwangsgesetze zu begeben einander selbst nöthigen und so den Friedenszustand, in welchem Gesetze Kraft haben, herbeiführen müssen. Man kann diese auch an den wirklich vorhandenen, noch sehr unvollkommenen organisirten Staaten sehen, daß sie sich doch im äußeren Verhalten dem, was die Rechtsidee vorschreibt, schon sehr nähern, obgleich das Innere der Moralität davon sicherlich nicht die Ursache ist (wie denn auch nicht von dieser die gute Staatsverfassung, sondern vielmehr umgekehrt von der letzteren allererst die gute moralische Bildung eines Volks zu erwarten ist), mithin der Mechanism der Natur durch selbstsüchtige Neigungen , die natürlicherweise einander auch äußerlich entgegen wirken, von der Vernunft zu einem Mittel gebraucht werden kann, dieser ihrem eigenen Zweck , der rechtlichem Vorschrift, Raum zu machen und hiemit auch, soviel

96

an dem Staat selbst liegt, den inneren sowohl als äußeren Frieden zu befördern und zu sichern. – Hier heißt es also: Die Natur *will* unwiderstehlich, daß das Recht zuletzt die Obergewalt erhalte. Was man nun hier verabsäumt zu thun, das macht sich zuletzt selbst, obzwar mit viel Ungemächlichkeit. – „Biegt man das Rohr zu stark, so brichts; und wer zu viel will, der will nichts." *Bouterwek.*

2. Die Idee des Völkerrechts setzt die *Absonderung* vieler von einander unabhängiger benachbarter Staaten voraus; und obgleich ein solcher Zustand an sich schon ein Zustand des Krieges ist (wenn nicht eine föderative Vereinigung derselben dem Ausbruch der Feindseligkeiten vorbeugt): so ist doch selbst dieser nach der Vernunftidee besser als die Zusammenschmelzung derselben durch eine die andere überwachsende und in eine Universalmonarchie übergehende Macht, weil die Gesetze mit dem vergrößerten Umfange der Regierung immer mehr an ihrem Nachdruck einbüßen, und ein seelenloser Despotism, nachdem er die Keime des Guten ausgerottet hat, zuletzt doch in Anarchie verfällt. Indessen ist dieses das Verlangen jedes Staats (oder seines Oberhaupts), auf diese Art sich in den dauernden Friedenszustand zu versetzen, daß er wo möglich die ganze Welt beherrscht. Aber die *Natur will* es anders. – Sie bedient sich zweier Mittel, um Völker von der Vermischung abzuhalten und sie abzusondern , der Verschiedenheit der *Sprachen* und der *Religionen ,* die zwar den Hang zum wechselseitigen Hasse und Vorwand zum Kriege bei sich führt, aber doch bei anwachsender Cultur und der allmählgen Annäherung der Menschen zu größerer Einstimmung in Principien zum Einverständnisse in einem Frieden leitet, der nicht wie jeder Despotism (und auf dem Kirchhofe der Freiheit) durch Schwächung aller Kräfte, sondern

durch ihr Gleichgewicht im lebhaftesten Wetteifer derselben hervorgebracht und gesichert wird.

So wie die Natur weislich die Völker trennt, welche der Wille jedes Staates und zwar selbst nach Gründen des Völkerrechts gern unter sich durch List oder Gewalt vereinigen möchte so vereinigt sie auch andererseits Völker, die der Begriff des Weltbürgerrechts gegen Gewaltthätigkeit und Krieg nicht würde gesichert haben, durch den wechselseitigen Eigennutz. Es ist der *Handelsgeist*, der mit dem Kriege nicht zusammen bestehen kann, und der früher oder später sich jedes Volks bemächtigt. Weil nämlich unter allen der Staatsmacht untergeordneten Mächten (Mitteln) die *Geldmacht* wohl die zuverlässigste sein möchte, so sehen sich Staaten (freilich wohl nicht eben durch Triebfedern der Moralität) gedrungen, den edlen Frieden zu befördern und, wo auch immer in der Welt Krieg auszubrechen droht, ihn durch Vermittelungen abzuwehren, gleich als ob sie deshalb im beständigen Bündnisse ständen; denn große Verinigungen zum Kriege können der Natur der Sache nach sich nur höchst selten zutragen und noch seltener glücken. – Auf die Art garantiert die Natur durch den Mechanism der menschlichen Neigungen selbst den ewigen Frieden; freilich mit einer Sicherheit, die nicht hinreichend ist, die Zukunft desselben (theoretisch) zu *weissagen,* aber doch in praktischer Absicht zulangt und es zur Pflicht macht, zu diesem (nicht bloß schimärischen) Zwecke hinzuarbeiten.

Zweiter Zusatz.

Geheimer Artikel zum ewigen Frieden.

Ein geheimer Artikel in Verhandlungen des öffentlichen Rechts ist objectiv, d.i. seinem Inhalte nach betrachtet, ein Widerspruch subjectiv aber, nach der Qualität der Person beurtheilt, die ihn dictirt, kann gar wohl darin ein Geheimniß statt haben, daß sie es nämlich für ihre Würde bedenklich findet, sich öffentlich als Urhaberin desselben anzukündigen.

Der einzige Artikel dieser Art ist in dem Satze enthalten: *Die maximen der Philosophen über die Bedingungen der Möglichkeit des öffentlichen Friedens sollen von den zum Kriege gerüsteten Staaten zu Rathe gezogen werden.*

Es scheint aber für die gesetzgebende Autorität eines Staats, dem man natürlicherweise die größte Weisheit beilegen muß, verkleinerlich zu sein, über die Grundsätze seines Verhaltens gegen andere Staaten bei *Unterthanen* (den Philosophen) Belehrung zu suchen; gleichwohl aber sehr rathsam es zu thun. Also wird der Staat die letztere *stillschweigend* (also indem er ein Geheimniß daraus macht) *dazu auffordern,* welches soviel heißt als er wird sie frei und öffentlich über die allgemeine Maximen der Kriegsführung und Friedensstiftung *reden lassen* (denn das werden sie schon von selbst thun , wenn man es ihnen nur nicht verbietet), und die Übereinkunft der Staaten unter sich in dieser Absicht, sondern liegt schon in der Verpflichtung durch allgemeine (moralisch-gesetzgebende) Menschenvernunft. - Es ist aber hiemit nicht gemeint: daß der Staat den Grundsätzen des Philosophen vor den Ansprüchen des Juristen (des Stellvertreters der Staatsmacht) den Vorzug einräumen müsse, sondern nur daß man ihn *höre.* Der letztere, der die *Wage* des Rechts und neben bei auch das *Schwert* der Gerechtigkeit sich zum Symbol gemacht hat, bedient sich gemeiniglich des letzteren, nicht etwa blos alle fremde Einflüsse von dem ersteren abzuhalten, sondern wenn die eine Schale nicht sinken will, das Schwert mit hinein zu legen (vae victis), wozu der Jurist, der nicht zugleich (auch der

Moralität nach) Philosoph ist, die größte Versuchung hat, weil es seines Amts nur ist, vorhandene Gesetze anzuwenden, nicht aber, ob diese selbst nicht einer Verbesserung bedürfen, zu untersuchen , und rechnet dieses in der That niedrigeren Rang seiner Facultät, darum weil es mit Macht begleitet ist (wie es auch mit den beiden anderen der Fall ist), zu den höheren. – Die philosophische steht unter dieser verbündeten Gewalt auf einer sehr niedrigen Stufe. So heißt es z.B. von der Philosophie, sie sei die *Magd* der Theologie (und eben so lautet es von den zwei anderen). – Man sieht aber nicht recht, „ob sie ihrer gnädigen Frauen die Fackel vorträgt oder die Schleppenachträgt."

Daß Könige philosophieren, oder Philosophen Könige würden, ist nicht zu erwarten, aber auch nicht zu wünschen: weil der Besitz der Gewalt des freie Urtheil der Vernunft unvermeidlich verdirbt. Saß aber Könige öder königliche (sich selbst nach Gleichheitsgesetzen beherrschend) Völker die Classe der Philosophen nicht schwinden oder verstummen, sondern öffentlich sprechen lassen, ist Beiden zu Beleuchtung ihres Geschäfts unentbehrlich und, weil diese Classe ihrer Natur nach der Rottirung und Clubbenverbündung unfähig ist, wegen der Nachrede einer *Propagande* verdachtlos."

Immanuel Kant, 1795

AA, VIII, p 341-386 (zitiert ohne Kants Fussnoten)

100

Achille Mbembe,

Kritik der schwarzen Vernunft. 2013 (Auszüge)

Noch charakteristischer für die potentielle Verschmelzung des Kapitalismus mit dem Animismus ist die deutlich erkennbare Möglichkeit einer Verwandlung der Menschen in belebte Dinge, in digitale Daten und Codes. Zum ersten Mal in der Geschichte der Menschheit verweist der Name Neger nicht mehr nur auf die Lage, in die man die Menschen afrikanischer Herkunft in der Epoche des Frühkapitalismus brachte (Enteignungen unterschiedlicher Art, Beraubung jeglicher Möglichkeit der Selbstbestimmung und vor allem der Zukunft und der Zeit, dieser beider Matrizen des Möglichen). Diese neue Fungibilität, diese Löslichkeit, deren Institutionalisierung als neue Daseinsnorm und ihre Generalisierung für den gesamten Planeten meinen wir, wenn wir sagen, *die Welt wird schwarz.* (pp 20-21)

Die Welt wird daher keinen dauerhaften Bestand haben, wenn die Menschheit sich nicht der Aufgabe annimmt, die *Lebensreserven,* wie man sie nennen könnte, anzulegen. Wenn die Weigerung unterzugehen uns zu geschichtlichen Wesen macht und die Welt berechtigt, Welt zu sein, dann lässt sich unsere Bestimmung zu dauerhaftem Bestand nur verwirklichen, wenn das Verlangen nach Leben zum Eckstein eines neuen Denkens in Politik und Kultur wird.

Bei den alten Dogon hatte diese endlose Arbeit des Reparierens und der Reparation eines Namens – Dialektik des Fleischs und des Samenkorns. Die Arbeit der sozialen Institutionen bestand darin, gegen den Tod des Menschen anzukämpfen und seinen

Verfall, das heißt seine Verwesung aufzuhalten. Die Maske war das Symbol *par excellence* für diese Entschlossenheit der Lebenden, sich gegen den Tod zu verteidigen. Als Abbild des Leichnams und Ersatz für den vergänglichen Körper lag ihre Funktion nicht allein in der Erinnerung an die Verstorbenen. Sie zeigt auch von der Transfiguration des Körpers (der vergänglichen Hülle) und von der Apotheose der Welt und ihrer Unverweslichkeit. So lädt uns die Arbeit des Reparierens und der Reparation dazu ein, auf die Idee des Lebens als unvergängliche und unverwesliche Form zurückzukommen.

Unter diesen Umständen ist es ganz vergeblich; Grenzen zu ziehen. Mauern und Einfrierungen zu bauen, zu zergliedern, zu klassifizieren, zu hierarchisieren oder solche von der Menschheit auszugrenzen, die man abwerten möchte, die man verachtet, die uns nicht ähnlich sind oder mit denen wir uns, wie wir meinen, niemals verstehen werden. Es gibt nur eine Welt, und auf die haben wir alle ein Anrecht. Diese Welt gehört uns allen gleichermaßen, und wir alle sind ihre Miterben, auch wenn wir nicht in derselben Weise darin leben – daher ja gerade die reale Vielfalt der Kulturen und Lebensweisen. Das zu sagen heißt keineswegs, die Brutalität und den Zynismus auszublenden, durch die die Begegnung der Völker und Nationen immer noch geprägt ist. Es heißt lediglich, an eine unmittelbare und unabwendbare Gegebenheit zu erinnern, deren Ursprung zweifellos am Beginn der Moderne liegt – nämlich an den unmittelbaren Prozess der Verquickung und Verschachtelung der Kulturen, Völker und Nationen.

Es gibt also nur eine Welt, zumindest zum gegenwärtigen Zeitpunkt, und diese Welt ist alles, was ist. Gemeinsam ist uns damit auch das Gefühl oder der Wunsch, in vollem Umfang Mensch zu sein. Dieser Wunsch nach der Fülle des Menschseins ist etwas, das wir alle miteinander teilen. Gemeinsam ist uns übrigens in immer höherem Maße auch die Nähe des Fernen. Denn wir teilen uns nun einmal, ob wir das wollen oder nicht, diese Welt, die alles ist, was ist, und alles ist, was wir haben.

Um diese uns allen gemeinsame Welt zu schaffen, müssen wir jenen, die in der Geschichteeinen Prozess der Abstraktion und Verdinglichung erfahren haben, den ihnen geraubten Teil an Menschlichkeit zurückzuerstatten. Unter diesem Blickwinkel verweist der Begriff der Reparation, der Wiedergutmachung und Entschädigung im ökonomischen Sinne, auf den Prozess des erneuten Zusammenfügens der amputierten Teile, der Reparatur der zerrissenen Bande, der Wiederaufnahme des Wechselspiels der Reziprozität, ohne den es keinen Aufstieg zur Menschheit geben kann.

Restitution und Reparation bilden also den Kern der Möglichkeit der Schaffung eines gemeinsamen Bewusstseins der Welt, das heißt der Herstellung universellen Gerechtigkeit. Die beiden Konzepte der Restitution und der Reparation basieren auf dem Gedanken, wonach es einen unveräußerlichen Aspekt des Menschseins gibt, an dem jede menschliche Person teilhat. Dieser irreduzible Teil des Menschseins gehört uns allen. Er bewirkt, dass wir objektiv zugleich verschieden und gleich sind. Die Ethik der Restitution und Reparation impliziert also die Anerkennung dessen, was man den Anteil des Anderen nennen könnte, der nicht der meinige ist und dessen Garant ich dennoch bin, ob ich es nun will oder nicht. Diesen Anteil des Anderen könnte ich nicht ohne Folgen für die Idee des Selbst, der Gerechtigkeit, des Rechts oder der Menschlichkeit schlechthin an mich reißen und auch nicht ohne Folgen für das Produkt des Universellen, wenn das denn wirklich das endgültige Ziel sein sollte.

Reparation im Übrigen, weil die Geschichte Verletzungen und Wunden hinterlassen hat. Der geschichtliche Prozess war und ist für einen großen Teil der Menschheit ein Prozess der Gewöhnung an den Tod des Anderen – einen langsamen Tod, einen Tod durch Ersticken, einen schnellen Tod, einen delegierten Tod. Diese Gewöhnung an den Tod des Anderen, mit dem man nichts gemein zu haben glaubt, diese vielfältigen Formen des Austrocknens der lebendigen Quellen des Lebens im Namen der Rasse oder des Unterschieds, all das hat sehr tiefe Spuren in Denken und Vorstellung, in der Kultur wie auch in den sozialen und ökonomischen Beziehungen hinterlassen. Diese Wunden und Verletzungen behindern die Herstellung von Gemeinschaft. Tatsächlich ist die Konstruktion des Gemeinsamen untrennbar mit der erneuten Erfindung der Gemeinschaft verbunden.

Die Frage der universellen Gemeinschaft stellt sich daher *per definitionem* in Begriffen des Im-Offenen-Wohnens, der Sorge um das Offene – was etwas ganz anderes ist als ein Vorgehen, das in erster Linie darauf zielt, sich abzuschließen und eingeschlossen in dem zu bleiben, was gewissermaßen mit uns verwandt, was uns ähnlich ist. Diese Form der *Entähnlichung* ist das genaue Gegenteil der Differenz. Die Differenz ist in den meisten Fällen das Ergebnis der Konstruktion eines Verlangens. Sie ist auch das Ergebnis einer Arbeit des Abstrahierens, Klassifizierens, Aufteilens und Ausschließens – eine Arbeit der Macht, die internalisiert und im Tun des alltäglichen Lebens reproduziert wird, sogar von den Ausgeschlossenen selbst. Oft entsteht das Verlangen nach Unterscheidung gerade dort, wo eine Erfahrung des Ausschlusses besonders intensiv erlebt wird. Unter diesen Umständen ist die Proklamation der Differenz die verkehrte Sprache des Verlangens nach Anerkennung und Inklusion.

Aber auch wenn die Differenz sich tatsächlich im Verlangen (in der Begierde) konstituiert, ist dieses Verlangen nicht notwendig Verlangen nach Macht. Es kann auch das Verlangen sein, geschützt zu sein, verschont zu bleiben, vor der Gefahr bewahrt zu werden. Andererseits ist das Verlangen nach Differenz auch nicht notwendig das Gegenteil des Projekts der *Gemeinsamkeit*. Für jene, welche die Kolonialherrschaft ertragen haben oder denen ihr Anteil an der Menschlichkeit irgendwann in der Geschichte geraubt worden ist, erfolgt die Wiedererlangung dieses Anteils an der Menschlichkeit oft über die Proklamation der Differenz. Aber wie wir in einem Teil der modernen schwarzen Kritik sehen, ist die Proklamation der Differenz nur ein Moment eines umfassenden Projekts – des Projekts einer kommenden Welt, einer vor uns liegenden Welt, deren Bestimmung universell ist; einer Welt, die befreit ist von der Last der Rasse und des Ressentiments und des Wunsches nach Rache, die jeder Rassismus auslöst. pp 329-332)

Achille Mbembe, *Kritik der schwarzen Vernunft*. zitiert aus Suhrkamp TB, 3. Aufl. 2019

Originalausgabe: *Critique de la raison nègre. Éditions* l a Découverte, Paris 2013

Nelson Rolihlahla Mandela, *A Long Walk to Freedom.* 1994

"The oppressed and the oppressor alike are robbed of their humanity."

„I was not born with a hunger to be free. I was born free – free in every way that I could know. Free to run in the fields near my mother's hut, free to swim in the clear stream that ran through my village, free to roast mealies under the stars and ride the broad backs of slow-moving bulls. As long as I obeyed my father and abided by the customs of my tribe, I was not troubled by the laws of man or God.

It was only when I began to learn that my boyhood freedom was an illusion, when I discovered as a young man that my freedom had already been taken from me, that I began to hunger for it. At first, as a student, I wanted freedom only myself, the transitory freedom of being able to stay out at night, read what I pleased and go where I chose. Later, as a young man in Johannesburg, I yearned for the basic and honourable freedom of achieving my potential, of earning my keep, of marrying and having a family – the freedom not to be observed in a lawful life.

But the In slowly saw that not only was I not free, but my brothers ans sisters were not free. I saw that it was not just my freedom that was curtailed, but the freedom of everyone who looked like I did. That is when I joined the African National Congress, and that is when the hunger for my own freedom became the great hunger for the freedom of my people. It was this desire for the freedom of my people to live their lives with dignity and self-respect that animated my life, that transformed a frightened young man into a bold one, that drove a law-abiding attorney to become a criminal, that turned a family-loving husband into a man without a home, that forced a life-loving man to live like monk. I am no more virtuous or self-sacrificing than the next man, but I found that I could not even enjoy the peace and limited freedom I was allowed where I knew my people were not free. Freedom is indivisible; the chains on any one of my people were the chains on all of them, the chains on all of my people were the chains on me.

It was during those long and lonely years that my hunger for the freedom of my own people became a hunger for the freedom of all people, white and black. I knew as well as I knew anything that the oppressor must be liberated just as surely as the oppressed. A man who takes away another man's freedom is a prisoner of hatred, he is locked behind the bars of prejudices and narrow-mindedness. I am not truly free if I am taking away someone else's freedom, just as surely as I am not free when my freedom is taken from me. The oppressed and the oppressor alike are robbed of their humanity.

When I walked out of prison, that was my mission, to liberate the oppressed and the oppressor both. Some say that has now been achieved. But I know that that is not the case. The truth is that we are not yet free; we have merely achieved the freedom to be free, the right not to be oppressed. We have not taken the final step of our journey, but the first step on a longer and even more difficult road. For to be free is not merely to cast off one's chains, but to live in a way that respects and enhances the freedom of others. The true test of our devotion to freedom is just beginning.

I have walked that long road to freedom. I have tried not to falter;

I have made missteps along the way. But I have discovered the secret that after climbing a great hill, one only finds that there are many other hills to climb. I have taken a moment here to rest, to steal a view of the glorious vista that surrounds me, to look back on the distance I have come. But I can rest only for a moment, for with freedom come responsibilities, and I dare not linger, for my long walk is not yet ended."

Nelson Rolihlahla Mandela, *Long Walk to Freedom*. 1994, Abacus Book 1995, pp 750-751, Erstveröffentlichung bei Little, Brown and Comp.

Charter der Vereinten Nationen.

San Francisco, 26. Juni 1945

Präambel

„WIR, DIE VÖLKER DER VEREINTEN NATIONEN – FEST ENTSCHLOSSEN,

künftige Geschlechter vor der Geißel des Krieges zu bewahren, die zweimal zu unseren Lebzeiten unsagbares Leid über die Menschheit gebracht hat,

unseren Glauben an die Grundrechte des Menschen, an Würde und Wert der menschlichen Persönlichkeit, an die Gleichberechtigung von Mann und Frau sowie von allen Nationen, ob groß oder klein, erneut zu bekräftigen,

Bedingungen zu schaffen, unter denen Gerechtigkeit und die Achtung vor den Verpflichtungen aus Verträgen und anderen Quellen des Völkerrechts gewahrt werden können,

den sozialen Fortschritt und einen besseren Lebensstandard in größerer Freiheit zu fördern,

UND FÜR DIESE ZWECKE

Duldsamkeit zu üben und als gute Nachbarn in Frieden miteinander zu leben,

unsere Kräfte zu vereinen, um den Weltfrieden und die internationale Sicherheit zu wahren,

Grundsätze anzunehmen und Verfahren einzuführen, die gewährleisten, dass Waffengewalt nur noch im gemeinsamen Interesse angewendet wird, und Internationale Einrichtungen in Anspruch zu nehmen, um den wirtschaftlichen und sozialen Fortschritt aller Völker zu fördern –

HABEN BESCHLOSSEN, IN UNSEREM BEMÜHEN UM DIE ERREICHUNG DIESER ZIELE ZUSAMMENZUWIRKEN,

Dementsprechend haben unsere Regierungen durch ihre in der Stadt San Francisco versammelten Vertreter, deren Vollmachten vorgelegt und in guter und gehöriger Form befunden wurden, diese Charta der Vereinten Nationen angenommen und errichten hiermit eine internationale Organisation, die den Namen „Vereinte Nationen" führen soll „

Quelle: United Nations, Regional Information Centre for Europe

Die Allgemeine Erklärung der Menschenrechte

Resolution 217 A (III) vom 10.12.1948

Präambel

Da die Anerkennung der angeborenen Würde und der gleichen und unveräußerlichen Rechte aller Mitglieder der Gemeinschaft der Menschen die Grundlage von Freiheit, Gerechtigkeit und Frieden in der Welt bildet,

da die Nichtanerkennung und Verachtung der Menschenrechte zu Akten der Barbarei geführt haben, die das Gewissen der Menschheit mit Empörung erfüllen, und da verkündet worden ist, daß einer Welt, in der die Menschen Rede- und Glaubensfreiheit und Freiheit von Furcht und Not genießen, das höchste Streben des Menschen gilt,

da es notwendig ist, die Menschenrechte durch die Herrschaft des Rechtes zu schützen, damit der Mensch nicht gezwungen wird, als letztes Mittel zum Aufstand gegen Tyrannei und Unterdrückung zu greifen,

da es notwendig ist, die Entwicklung freundschaftlicher Beziehungen zwischen den Nationen zu fördern,

da die Völker der Vereinten Nationen in der Charta ihren Glauben an die grundlegenden Menschenrechte, an die Würde und den Wert der menschlichen Person und an die Gleichberechtigung von Mann und Frau erneut bekräftigt und beschlossen haben, den sozialen Fortschritt und bessere Lebensbedingungen in größerer Freiheit zu fördern,

da die Mitgliedstaaten sich verpflichtet haben, in Zusammenarbeit mit den Vereinten Nationen auf die allgemeine Achtung und Einhaltung der Menschenrechte und Grundfreiheiten hinzuwirken,

da ein gemeinsames Verständnis dieser Rechte und Freiheiten von größter Wichtigkeit für die volle Erfüllung dieser Verpflichtung ist,

verkündet die Generalversammlung

diese Allgemeine Erklärung der Menschenrechte als das von allen Völkern und Nationen zu erreichende gemeinsame Ideal, damit jeder einzelne und alle Organe der Gesellschaft sich diese Erklärung stets gegenwärtig halten und sich bemühen, durch Unterricht und Erziehung die Achtung vor diesen Rechten und Freiheiten zu fördern und durch fortschreitende nationale und internationale Maßnahmen ihre allgemeine und tatsächliche Anerkennung und Einhaltung durch die Bevölkerung der Mitgliedstaaten selbst wie auch durch die Bevölkerung der ihrer Hoheitsgewalt unterstehenden Gebiete zu gewährleisten.

Artikel 1

Alle Menschen sind frei und gleich an Würde und Rechten geboren. Sie sind mit Vernunft und Gewissen begabt und sollen einander im Geist der Brüderlichkeit begegnen.

Jeder hat Anspruch auf die in dieser Erklärung verkündeten Rechte und Freiheiten ohne irgendeinen Unterschied, etwa nach Rasse, Hautfarbe, Geschlecht, Sprache, Religion, politischer oder sonstiger Überzeugung, nationaler oder sozialer Herkunft, Vermögen, Geburt oder sonstigem Stand.

Des weiteren darf kein Unterschied gemacht werden auf Grund der politischen, rechtlichen oder internationalen Stellung des Landes oder Gebiets, dem eine Person angehört, gleichgültig ob dieses unabhängig ist, unter Treuhandschaft steht, keine Selbstregierung besitzt oder sonst in seiner Souveränität eingeschränkt ist.

Artikel 3

Jeder hat das Recht auf Leben, Freiheit und Sicherheit der Person.

Artikel 4

Niemand darf in Sklaverei oder Leibeigenschaft gehalten werden; Sklaverei und Sklavenhandel sind in allen ihren Formen verboten.

Artikel 5

Niemand darf der Folter oder grausamer, unmenschlicher oder erniedrigender Behandlung oder Strafe unterworfen werden.

Artikel 6

Jeder hat das Recht, überall als rechtsfähig anerkannt zu werden.

Artikel 7

Alle Menschen sind vor dem Gesetz gleich und haben ohne Unterschied Anspruch auf gleichen Schutz durch das Gesetz. Alle haben Anspruch auf gleichen Schutz gegen jede Diskriminierung, die gegen diese Erklärung verstößt, und gegen jede Aufhetzung zu einer derartigen Diskriminierung.

Artikel 8

Jeder hat Anspruch auf einen wirksamen Rechtsbehelf bei den zuständigen innerstaatlichen Gerichten gegen Handlungen, durch die seine ihm nach der Verfassung oder nach dem Gesetz zustehenen Grundrechte verletzt werden.

Artikel 9

Niemand darf willkürlich festgenommen, in Haft gehalten oder des Landes verwiesen werden.

Artikel 10

Jeder hat bei der Feststellung seiner Rechte und Pflichten sowie bei einer gegen ihn erhobenen strafrechtlichen Beschuldigung in voller Gleichheit Anspruch auf ein gerechtes und öffentliches Verfahren vor einem unabhängigen und unparteiischen Gericht.

Artikel 11

1. Jeder, der wegen einer strafbaren Handlung beschuldigt wird, hat das Recht, als unschuldig zu gelten, solange seine Schuld nicht in einem öffentlichen Verfahren, in dem er alle für seine Verteidigung notwendigen Garantien gehabt hat, gemäß dem Gesetz nachgewiesen ist.
2. Niemand darf wegen einer Handlung oder Unterlassung verurteilt werden, die zur Zeit ihrer Begehung nach innerstaatlichem oder internationalem Recht nicht strafbar war. Ebenso darf keine schwerere Strafe als die zum Zeitpunkt der Begehung der strafbaren Handlung angedrohte Strafe verhängt werden.

Artikel 12

Niemand darf willkürlichen Eingriffen in sein Privatleben, seine Familie, seine Wohnung und seinen Schriftverkehr oder Beeinträchtigungen seiner Ehre und seines Rufes ausgesetzt werden. Jeder hat Anspruch auf rechtlichen Schutz gegen solche Eingriffe oder Beeinträchtigungen.

Artikel 13

1. Jeder hat das Recht, sich innerhalb eines Staates frei zu bewegen und seinen Aufenthaltsort frei zu wählen.
2. Jeder hat das Recht, jedes Land, einschließlich seines eigenen, zu verlassen und in sein Land zurückzukehren.

Artikel 14

1. Jeder hat das Recht, in anderen Ländern vor Verfolgung Asyl zu suchen und zu genießen.
2. Dieses Recht kann nicht in Anspruch genommen werden

3. im Falle einer Strafverfolgung, die tatsächlich auf Grund von Verbrechen nichtpolitischer Art oder auf Grund von Handlungen erfolgt, die gegen die Ziele und Grundsätze der Vereinten Nationen verstoßen.

Artikel 15

1. Jeder hat das Recht auf eine Staatsangehörigkeit.
2. Niemandem darf seine Staatsangehörigkeit willkürlich entzogen noch das Recht versagt werden, seine Staatsanghörigkeit zu wechseln.

Artikel 16

1. Heiratsfähige Frauen und Männer haben ohne Beschränkung auf Grund der Rasse, der Staatsangehörigkeit oder der Religion das Recht zu heiraten und eine Familie zu gründen. Sie haben bei der Eheschließung, während der Ehe und bei deren Auflösung gleiche Rechte.
2. Eine Ehe darf nur bei freier und uneingeschränkter Willenseinigung der künftigen Ehegatten geschlossen werden.
3. Die Familie ist die natürliche Grundeinheit der Gesellschaft und hat Anspruch auf Schutz durch Gesellschaft und Staat.

Artikel 17

1. Jeder hat das Recht, sowohl allein als auch in Gemeinschaft mit anderen Eigentum innezuhaben.
2. Niemand darf willkürlich seines Eigentums beraubt werden.

Artikel 18

Jeder hat das Recht auf Gedanken-, Gewissens- und Religionsfreiheit; dieses Recht schließt die Freiheit ein, seine Religion oder Überzeugung zu wechseln, sowie die Freiheit, seine Religion oder Weltanschauung allein oder in Gemeinschaft mit anderen, öffentlich oder privat durch Lehre, Ausübung, Gottesdienst und Kulthandlungen zu bekennen.

Artikel 19

Jeder hat das Recht auf Meinungsfreiheit und freie Meinungsäußerung; dieses Recht schließt die Freiheit ein, Meinungen ungehindert anzuhängen sowie über Medien jeder Art und ohne Rücksicht auf Grenzen Informationen und Gedankengut zu suchen, zu empfangen und zu verbreiten.

Artikel 20

1. Alle Menschen haben das Recht, sich friedlich zu versammeln und zu Vereinigungen zusammenzuschließen.
2. Niemand darf gezwungen werden, einer Vereinigung anzugehören.

Artikel 21

1. Jeder hat das Recht, an der Gestaltung der öffentlichen Angelegenheiten seines Landes unmittelbar oder durch frei gewählte Vertreter mitzuwirken.
2. Jeder hat das Recht auf gleichen Zugang zu öffentlichen Ämtern in seinem Lande.

3. Der Wille des Volkes bildet die Grundlage für die Autorität der öffentlichen Gewalt; dieser Wille muß durch regelmäßige, unverfälschte, allgemeine und gleiche Wahlen mit geheimer Stimmabgabe oder in einem gleichwertigen freien Wahlverfahren zum Ausdruck kommen.

Artikel 22

Jeder hat als Mitglied der Gesellschaft das Recht auf soziale Sicherheit und Anspruch darauf, durch innerstaatliche Maßnahmen und internationale Zusammenarbeit sowie unter Berücksichtigung der Organisation und der Mittel jedes Staates in den Genuß der wirtschaftlichen, sozialen und kulturellen Rechte zu gelangen, die für seine Würde und die freie Entwicklung seiner Persönlichkeit unentbehrlich sind.

Artikel 23

1. Jeder hat das Recht auf Arbeit, auf freie Berufswahl, auf gerechte und befriedigende Arbeitsbedingungen sowie auf Schutz vor Arbeitslosigkeit.
2. Jeder, ohne Unterschied, hat das Recht auf gleichen Lohn für gleiche Arbeit.
3. Jeder, der arbeitet, hat das Recht auf gerechte und befriedigende Entlohnung, die ihm und seiner Familie eine der menschlichen Würde entsprechende Existenz sichert, gegebenenfalls ergänzt durch andere soziale Schutzmaßnahmen.
4. Jeder hat das Recht, zum Schutz seiner Interessen Gewerkschaften zu bilden und solchen beizutreten.

Artikel 24

Jeder hat das Recht auf Erholung und Freizeit und insbesondere auf eine vernünftige Begrenzung der Arbeitszeit und regelmäßigen bezahlten Urlaub.

Artikel 25

1. Jeder hat das Recht auf einen Lebensstandard, der seine und seiner Familie Gesundheit und Wohl gewährleistet, einschließlich Nahrung, Kleidung, Wohnung, ärztliche Versorgung und notwendige soziale Leistungen gewährleistet sowie das Recht auf Sicherheit im Falle von Arbeitslosigkeit, Krankheit, Invalidität oder Verwitwung, im Alter sowie bei anderweitigem Verlust seiner Unterhaltsmittel durch unverschuldete Umstände.
2. Mütter und Kinder haben Anspruch auf besondere Fürsorge und Unterstützung. Alle Kinder, eheliche wie außereheliche, genießen den gleichen sozialen Schutz.

Artikel 26

1. Jeder hat das Recht auf Bildung. Die Bildung ist unentgeltlich, zum mindesten der Grundschulunterricht und die grundlegende Bildung. Der Grundschulunterricht ist obligatorisch. Fach- und Berufsschulunterricht müssen allgemein verfügbar gemacht werden, und der Hochschulunterricht muß allen gleichermaßen entsprechend ihren Fähigkeiten offenstehen.
2. Die Bildung muß auf die volle Entfaltung der menschlichen Persönlichkeit und auf die Stärkung der Achtung vor den Menschenrechten und Grundfreiheiten gerichtet sein. Sie muß zu Verständnis, Toleranz und

Freundschaft zwischen allen Nationen und allen rassischen oder religiösen Gruppen beitragen und der Tätigkeit der Vereinten Nationen für die Wahrung des Friedens förderlich sein.

3. Die Eltern haben ein vorrangiges Recht, die Art der Bildung zu wählen, die ihren Kindern zuteil werden soll.

Artikel 27

1. Jeder hat das Recht, am kulturellen Leben der Gemeinschaft frei teilzunehmen, sich an den Künsten zu erfreuen und am wissenschaftlichen Fortschritt und dessen Errungenschaften teilzuhaben.
2. Jeder hat das Recht auf Schutz der geistigen und materiellen Interessen, die ihm als Urheber von Werken der Wissenschaft, Literatur oder Kunst erwachsen.

Artikel 28

Jeder hat Anspruch auf eine soziale und internationale Ordnung, in der die in dieser Erklärung verkündeten Rechte und Freiheiten voll verwirklicht werden können.

Artikel 29

1. Jeder hat Pflichten gegenüber der Gemeinschaft, in der allein die freie und volle Entfaltung seiner Persönlichkeit möglich ist.
2. Jeder ist bei der Ausübung seiner Rechte und Freiheiten nur den Beschränkungen unterworfen, die das Gesetz ausschließlich zu dem Zweck vorsieht, die Anerkennung und Achtung der Rechte und Freiheiten anderer zu sichern und den gerechten Anforderungen der Moral, der

öffentlichen Ordnung und des allgemeinen Wohles in einer demokratischen Gesellschaft zu genügen.

3. Diese Rechte und Freiheiten dürfen in keinem Fall im Widerspruch zu den Zielen und Grundsätzen der Vereinten Nationen ausgeübt werden.

Artikel 30

Keine Bestimmung dieser Erklärung darf dahin ausgelegt werden, daß sie für einen Staat, eine Gruppe oder eine Person irgendein Recht begründet, eine Tätigkeit auszuüben oder eine Handlung zu begehen, welche die Beseitigung der in dieser Erklärung verkündeten Rechte und Freiheiten zum Ziel hat.

Quelle : United Nations Regional Information Centre for Western Europe, www.unric.org

Die Menschenrechtsdeklaration der Vereinten Nationen ist als Resolution der Generalversammlung nicht rechtsverbindlich; sie findet aber Eingang in die Gründungsakten beispielsweise der Europäischen Union (EU) und der Organisation für die Einheit Afrikas (OAU), nach ihrer Umbenennung 1981Afrikanischen Union (AU), die sich ausdrücklich zu ihr bekennen.

1950/1951 verabschiedet der Europarat die *Europäische Konvention zum Schutz der Menschenrechte und Grundrechte (EMRK)* als rechtsverbindlich völkerrechtlichen Vertrag.

Bürgerinnen und Bürgern steht nach Ausschöpfung des nationalen Rechtswegs die Klagemöglichkeit am *Europäischen Gerichtshof für Menschenrechte* in Strasburg offen. Die Konvention wurde seit 1959/51 durch mehrere Protokolle, wie beispielsweise das Verbot der Todesstrafe, erweitert. Vertragsstaaten sind alle 47 Mitgliedstaaten des Europarats und alle 27 Mitgliedstaaten der EU, (noch) nicht die EU als Institution.

1949 bekennt die Bundesrepublik Deutschland sich in ihrem Grundgesetz zu den „unveräußerlichen Menschenrechte als Grundlage jeder menschlichen Gemeinschaft, des Friedens und der Gerechtigkeit in der Welt". (GG 1. Art. 1)

EU verabschiedet 2000 ihre *Charta der Grundrechte für die Europäische Union* und nimmt weitere Themenfelder in den Rechtekatalog auf: Umweltschutz, Datenschutz, Gesundheitsschutz, Kinder- und Jugendschutz, Solidarität u.a. Die Charta wird mit dem Vertrag von Lissabon rechtskräftig und rechtsverbindlich für Organe und Mitgliedstaaten der EU. Verstöße sind am *Europäischen Gerichtshof (EuGH)* in Luxemburg einklagbar.

AU erklärt in ihrer *Charter on Human and Peoples' Rights* 1981 Gruppen neben Personen und Staaten zu Rechtsträgern. AU entspricht damit den politisch-gesellschaftlichen Realitäten Afrikas, dessen staatliche Grenzen von den Kolonialmächten willkürlich durch ethnische und kulturelle Gruppen hindurch gezogen wurden; AU bringt mit der Einführung von Gruppenrechten ein innovatives Moment in das internationale Recht ein. Verstöße sind am *African Court for Human and Peoples' Rights* in Arusha, Tanzania einklagbar.

Organization of African Unity (OAU)- African Union (AU)

Charter (Präambel):

"We, the Heads of African States and Governments assembled in the City of Addis Ababa, Ethipia,

Convinced that it is in the inalienable right of all people to control their own destiny,

Conscious of the fact that freedom, equality, justice and dignity are essential objectives for the achievement of the legitimate aspirations of the African peoples,

Conscious of our responsibility to harness the natural and human resources of our continent for the total advancement of our peoples in all spheres of human endeavour,

Inspired by a common determination to promote understanding among our peoples and cooperation among our states in response to the aspirations of our peoples for brother-hood and solidarity, in a larger unity transcending ethic and national differences,

Convinced that, in order to translate this determination into a dynamic force in the cause of human progress, conditions for peace and security must be established and maintained,

Determined to safeguard and consolidate the hard-won independence as well as the sovereignty and territorial integrity of our states, and to fight against neo-colonialism in all its forms,

Dedicated to the general progress of Africa,

Persuaded that the Charter of the United Nations and the Universal Declaration of Human Rights, to the Principles of which we reaffirm our adherence, provide a solid foundation for peaceful and positive cooperation among States,

Desirous that all African States should henceforth unite so that the welfare and well-being of their peoples can be assured,

Resolved to reinforce the links between our states by establishing and strengthening common institutions,

Have agreed to the present Charter:

(...)

Addis Ababa, 25. May 1963

Ubuntu

„Ubuntu does not say: , I think, therefore I am.' It says rather: ' I am, because I belong. I participate, I share." (Bishop Desmond Tutu)

"Ein Mensch zu sein bedeutet, die eigene Menschlichkeit dadurch zu bestätigen, dass ich die Menschlichkeit anderer anerkenne und auf dieser Basis menschliche Beziehungen zu ihnen aufbaue. (...) Es ist dem Einzelnen aufgegeben, ja verordnet, ein wahrhafter Mensch zu werden." (Mogobe Bernard Ramose, *African Philosophy Through Ubuntu*. 1999, Mond Books,p 52

Ubuntu, ein Idiom der Bantu-Sprachen, wurde zu einem zentralen Begriff der Wahrheits- und Versöhnungskommission nach dem Ende des Apartheid-Regimes in der Republik Südafrika.

Thaddeus Metz, University of Witwatersrand in Johannesrand, fasst die Ethik des Ubuntu so zusammen:

„U1: Eine Handlung ist insoweit richtig, wie sie die Würde einer Person respektiert. Sie ist in dem Maße falsch, wie sie die Menschlichkeit herabsetzt.

U2: Eine Handlung ist insoweit richtig, wie das Wohlergehen anderer fördert. Sie ist in dem Maße falsch, wie sie daran scheitert, zur Vergrößerung von deren Wohlergehen beizutragen.

U3: Eine Handlung ist insoweit richtig, wie sie das Wohlergehen anderer fördert, ohne dabei deren Rechte zu verletzen. Sie in dem Maße falsch, wie sie entweder deren Rechte verletzt, oder daran scheitert, zur Vergrößerung ihres Wohls ohne Rechtsverletzung beizutragen.

U4: Eine Handlung ist insoweit richtig, wie sie in positiver Weise Beziehungen zu anderen aufbaut und sich dabei selbst verwirklicht. Sie ist in dem Maße falsch, wie sie die wertvolle Natur des Einzelnen als soziales Wesen nicht vervollkommnet.

U5: Eine Handlung ist genau soweit richtig, wie sie Solidarität mit Gruppen, deren Überleben gefährdet ist, ausdrückt. Sie ist in dem Maße falsch, insofern sie es unterlässt, eine verletzliche Gemeinschaft zu unterstützen.

U6: Eine Handlung ist in insoweit richtig, wie sie Harmonie schafft und Zerwürfnisse reduziert. Sie ist in dem Maße falsch, wie es ihr nicht gelingt, Gemeinschaft herzustellen."

(Thaddeus Metz, *Auf dem Weg zu einer afrikanischen Moraltheorie?* In: *Afrikanische Politische Philosophie.* Franziska Dübgen, Stefan Skupien (Hg) Suhrkamp TB 2016, pp295-32

Mogobe Bernard Ramose,

Den Kosmopolitismus transzendieren: die Grenze als Ort der Verbindung. (2016)

Die Anerkennung der Bewegung als ein Prinzip des *Da-seins* beinhaltet die Zurkenntnisnahme, dass sich das *Da-sein* in einem unaufhörlichen Zustand des Werdens befindet. Sein heißt demzufolge ex-istieren (*ex-ist)* in einem permanent dynamischen Zustand des -enz (-*ness)* über einen gewissen Zeitraum hinweg. Der momentane Zustand von -enz ist das Dasein. Das Werden des *Da-seins* manifestiert sich in vielen und unterschiedlichen Formen des Da-seins. Die Bewegung des *Da-seins* ist multidirektional und holozyklisch. Jedoch wird das *Da-sein* oft als prozeßhaft interpretiert; eine Denkweise, die von einer einseitig ausgerichteten Bewegung ausgeht. Diese Vorstellung markiert den Beginn der Fragmentierung des *Da-seins.* Sie ist ein Beispiel für die Vernachlässigung des *Da-seins* als Ganzheit. Sie ist der ontologische Moment, in dem exklusive Grenzen gezogen werden. Diese Vergessenheit überlagert das *Da-sein* und beansprucht den Status der Wahrheit. Ebendieser Anspruch kennzeichnet jeglichen -*ismus,* wie wir ihn beispielsweise im Kosmopolitismus wiederfinden. Unsere Konzeption des *Da-seins* möchte eine philosophische Fundierung unseres Arguments anbieten, dass wir den Kosmopolitismus transzendieren müssen, eben weil er das *Da-sein* als Ganzheit negiert. Wir wenden uns im Folgenden der Idee der Grenze als eines Ortes der Verbindung zu und bekräftigen damit unsere Vorstellung des *Da-seins* als Ganzheit.

Chidi Osuagwu zufolge ist das Wort für die Welt in der Igbo-Sprache *uwa* und bedeutet „die grosse Entfaltung". Diese

Entfaltung wird als kontinuierlicher dynamischer Prozess vorgestellt und folgt damit der Idee, dass Bewegung das Prinzip des *Da-seins* sei. Osuagwu wendet sich daraufhin jenem afrikanischen Archetypus zu, der in der Igbo-Sprache als *„izu"* bezeichnet wird. *„Izu"* kann folgendes bedeuten: i. jemanden zu treffen oder miteinander zu interagieren (*izukota*); ii. ganz zu sein (*izuoke*); iii. einen Zyklus oder einen Zeitraum zu vollenden (*izuuka*); und iv. sich auszuruhen oder zu stabilisieren (*izuike*). Osuagwu interpretiert *izu* als Symbol für eine Beziehung innerhalb des „Ganzen". Da wir die Bewegung als Grundprinzip des *Da-seins* und dessen inhärenter Dynamik erkannt haben, halten wir es jedoch für zutreffender, von der „Ganzheit" anstatt von dem „Ganzen" zu sprechen. In diesem Sinne gehören *uwa* und *uzu* zum *-enz* Charakter des *Da-seins*. Ebendieser Charakter von *uwa* bietet die Grundlage für Osuagwus Bestimmung von *oke* als einer Grenze, an der sich *igba-agba,* der Verbindungspunkt unterschiedlicher Entitäten, befindet. Diese Grenze wird als ein nahtloses komplexes Geflecht von Entitäten konzipiert und bildet den ontologischen Moment, in dem wir uns unserer Eingebundenheit in ein komplexes, sich entfaltendes Geflecht des *Da-seins* bewusst werden. Es ist deshalb nicht verwunderlich, dass Bénézet Bujo mit Nachdruck betont, dass aus der Perspektive der Afrikanischen Philosophie das *Da-sein* auf einer ontologischen Ebene einem komplexen Beziehungsgeflecht gleichkommt. In diesem Sinn verkündet er: „Ich stehe in Beziehungen, also sind wir." Die Igbo sind durch die konzeptuelle Nähe ihrer Begriffe *uwa* und *izu* zu den Bantu-Wörtern *ubuntu* oder *botho* mit der Bantu sprechenden Bevölkerung gedanklich verbunden. Diese linguistische Beobachtung bietet eine weitere Grundlage für die philosophische These, dass der Kosmopolitismus transzendiert werden muss. Es gibt zudem Hinweise darauf, dass das afrikanische Konzept des *Da-seins* oder des Lebens, wie es hier dargelegt wurde, ebenso in der arabischen Philosophie verankert ist.

Wie Mitias und Küng zutreffend angemerkt haben, ist für die Transzendierung des Kosmopolitismus das Prinzip der Gerechtigkeit als gelebte Praxis entscheidend. Genauso wichtig für die Verwirklichung von Gerechtigkeit, so hat Mitias richtig beobachtet, ist, dass die Konstituierung einer „Weltgemeinschaft" ihren Ausgang von unten nach oben nimmt. Dieser wichtige Prozess erfordert einen Konsens, der schrittweise durch den Polylog unterschiedlicher Kulturen entsteht. In seiner aufschlussreichen Kritik an der Welt nach dem Kalten Krieg plädiert Tarek Ali Hassan für eine „interaktive Gerechtigkeit" innerhalb einer pluralistischen Welt, die durch „interaktive Gerechtigkeit, Gleichheit, Harmonie und offene Kommunikationswege für alle" abgesichert werden soll. Dies ist ein Plädoyer für einen Polylog unterschiedlicher Kulturen mit dem Ziel eines Lebens in Freiheit und Gerechtigkeit. Der Polylog muss das Prinzip der Gleichheit, das der Vorstellung menschlicher Würde bereits inhärent ist, ernst nehmen und es umfassend anerkennen, unerschrocken verteidigen und substantiell fördern. Auf diesem Weg soll unser Planet ein zunehmend vertrautes und sicheres Dorf werden, wo das Ideal der Gerechtigkeit - *maat* – in der Praxis überführt wird. Das stellt sicherlich eine Herausforderung dar, der sich die Menscheit jahrhundertelang entzogen hat „In ihrem blinden Fortschrittsstreben hat unsere Kultur die Frustration praktisch institutionalisiert. Denn bei unserem Versuch, das Positive hervorzuheben und das negative zu beseitigen, haben wir völlig vergessen, dass das Positive nur durch das Negative definiert wird. (...) Die Zerstörung des Negativen bedeutet zugleich die Zerstörung jeder Möglichkeit, das Positive zu genießen." Wir werden wahrscheinlich weitere

Jahrhunderte der Frustration und des ausweichenden Verhaltens erleben, wenn wir weiterhin an exkludierenden Grenzen festhalten. Die vor uns liegenden Herausförderungen des 21. Jahrhunderts besteht darin, den Kosmopolitismus zu transzendieren und dabei dem existentiellen Versprechen zu folgen, ein dörfliches Zusammenleben innerhalb eines sich entfaltenden, komplexen Pluriversums des *Da-seins* zu erschaffen.

Aus: Mogobe Bernard Ramose, *Den Kosmopolitismus transzendiere.* In: Franziska Dübgen und Stefan Skupien, *Afrikanische politische Philosophie.* Suhrkamp 2016, pp 338-348

Wilhelm von Humboldt (1767-1835)

„Wenn wir eine Idee bezeichnen wollen, die durch die ganze Geschichte hindurch in immer erweiterter Geltung sichtbar ist, wenn irgendeine die vielfach bestrittene, aber doch noch vielfacher missverstandene Vervollkommnung des ganzen Geschlechts beweist: so ist es die Idee der Menschheit, das Bestreben, die Grenzen, welche Vorteile und einseitige Ansichten aller Art feindselig zwischen die Menschen gestellt, aufzuheben und die gesamte Menschheit ohne Rücksicht auf Religion , Nation und Farbe als einen großen, nahe verbrüderten Stamm, als ein zur Erreichung eines Zweckes, der freien Entwicklung innerer Kraft, bestehendes Ganzes zu behandeln. Es ist dies das letzte Ziel der Geselligkeit und zugleich die durch die Natur selbst in ihn gelegte Richtung des Menschen auf unbestimmte Erweiterung seines Daseins."

Zitiert nach Herbert Scurla, *Wilhelm von Humboldt. Werden und Wirken.* Claassen Düsseldorf 1976, p 611

Über den Dualis. 16. April 1827 (Auszug)

„Ich erwähne aber mit Absicht dieser zwiefachen, oberflächlicheren und tieferen, sinnlicheren und geistigeren Auffassung erst hier, da sie vorzüglich da eintritt, wo die Sprache auf der Zweiheit der Wechselrede ruht. Es ist im Vorigen nur die ganze empirische Erscheinung hiervon angedeutet worden. Es liegt aber in dem ursprünglichen Wesen der Sprache ein unabänderlicher Dualismus, und die Möglichkeit des Sprechens selbst wird durch Anrede und Erwiederung bedingt. Schon das Denken ist wesentlich von Neigung zu gesellschaftlichem Daseyn begleitet, und der Mensch sehnt sich, abgesehen von allen körperlichen und Empfindungsbedingungen, auch zum Behuf seines bloßen Denkens, nach einem dem *Ich* entsprechenden *Du,* der Begriff scheint ihm erst seine Bestimmtheit und Gewißheit durch das Zurückstrahlen aus einer fremden Denkkraft zu erreichen. Er wird erzeugt, indem er sich aus der bewegten Masse des Vorstellens losreißt, und dem Subject gegenüber, zum Object bildet. Die Objectivität erscheint aber auch noch vollendet, wenn diese Spaltung nicht in dem Subject allein vorgeht, sondern der Vorstellende den Gedanken wirklich außer sich erblickt, was nur in einem andren, gleich ihm vorstellenden und denkenden Wesen möglich ist. Zwischen Denkkraft und Denkkraft aber giebt es keine andre Vermittlerin, als die Sprache.

Das Wort an sich selbst ist kein Gegenstand, vielmehr den Gegenständen gegenüber, etwas Subjectives; dennoch soll es im Geiste des Denkenden zum Object, von ihm erzeugt und auf ihn zurückwirkend werden. Es bleibt, zwischen dem Wort und seinem Gegenstande eine so befremdende Kluft; das Wort gleicht, allein im Einzelnen geboren, so sehr einem bloßen Scheinobject, die Sprache kann auch nicht vom Einzelnen, sie kann nur gesellschaftlich, nur, indem an einem gewagten Versuch ein neuer sich anknüpft, zur Wirklichkeit gebracht werden. Das Wort muß also Wesenheit, die Sprache Erweiterung in einem Hörenden und Erwiedernden gewinnen. Diesen Urtypus aller Sprachen druckt das Pronomen durch die Unterscheidung der zweiten Person von der dritten aus. *Ich* und *Er* sind wirklich verschiedene Gegenstände, und mit ihnen ist eigentlich Alles erschöpft, denn sie heißen mit andren Worten *Ich* und *Nicht-ich. Du* aber ist ein dem *Ich* gegenübergestelltes *Er.* Indem *Ich* und *Er* auf innerer und äußerer Wahrnehmung beruhen, liegt in dem *Du* Spontaneität der Wahl. Es ist auch ein *Nicht-ich,* aber nicht wie das *Er* in der Sphäre aller Wesen, sondern in einer andren, in der eines durch

Einwirkung gemeinsamen Handelns. In dem *Er* selbst liegt nun dadurch, außer dem *Nicht-ich,* auch ein *Nicht-du,* und es ist bloß einem von ihnen, sondern beiden entgegengesetzt. Hierauf deutet auch der oben angeführte Umstand hin, daß in vielen Sprachen die Bezeichnung und die grammatische Bildung des Pronomen der dritten Person in ihrem ganzen Wesen von den beiden ersten Personen abweicht, der Begriff desselben bald nicht rein, bald nicht in allen Beugungsfällen der Declamation vorhanden ist.

Erst durch die, vermittelst der Sprache bewirkte Verbindung eines Andren mit dem Ich entstehen nun alle, den ganzen Menschen anregenden, tieferen und edleren Gefühle, welche in Freundschaft, Liebe und jeder geistigen Gemeinschaft die Verbindung zwischen Zweien zu der höchsten und innigsten machen."

aus: *Über den Dualis. 26. April 1827.* GS VI: 25-27

Über den Charakter Griechen, die idealistische und historische Ansicht desselben. 1807

„I. Die Griechen sind uns nicht bloss ein nützlich historisch zu kennendes Volk, sondern ein Ideal.

Ihre Vorzüge über uns sind von der Art, dass gerade ihre Unerreichbarkeit es für uns zweckmäßig macht, ihre Werke nachzubilden, und wohlthätig, in unser durch unsre dumpfe und engherzige Lage gepresstes Gemüth ihre freie und schöne zurückzurufen.

Sie setzen uns in jeder Rücksicht in unsre eigenthümliche, verlorene (wenn man verlieren kann, was man nie hatte, aber wozu man Natur berechtigt war) Freiheit wieder ein, indem sie augenblicklich den Druck der Zeit aufheben und durch Begeisterung die Kraft stärken, die uns gemacht ist, ihn selbstthätig zu überwinden.

Sie sind für uns, was ihre Götter für sie waren; Fleisch von unsrem Fleisch und Bein von unsrem Bein; alles Unglück und alle Unebenheiten des Lebens; aber ein Sinn, der alles in Spiel verwandelt, und doch nur die Härten des Irdischen wegwischt, aber den Ernst der Idee bewahrt.

II. Dies ist keine zufällige, sondern eine nothwendige Ansicht. Nichts Modernes kann je etwas Antikem an die Seite gestellt werden. Denn der, dem Modernen nothwendig mangelnde Hauch des Alterthums ist der, nicht dem einzelnen Verfasser irgend eines Werks, sondern der ganzen Nation und dem ganzen Zeitalter eigenthümlicher Geist.

Dieser Geist unterscheidet sich von dem modernen, wie die Wirklichkeit von einem idealischen Gebilde irgend einer Art.

Dieses nemlich ist reiner und voller Ausdruck von etwas Geistigem, veranlasst, sich in jedes seiner Theile immer tiefer zu versenken, und führt auf Ideeneinheit, da die Wirklichkeit hingegen das Geistige nur andeutet, wo sie gut ist, selbst anreizt, sie theilweise in Gedanken zu vernichten, und keine Art der Einheit, als dieses Gefühl hervorbringt.

Was das Antike unterscheidet, ist daher nicht bloss Eigenthümlichkeit, sondern wahret uns allgemeingeltender Vorzug.

Das Gefühl für das Alterthum ist also der Prüfstein der modernen Nationen, die schon auf Irrwegen sind, wenn sie Römer und Griechen gleich, oder gar im umgekehrten Verhältnis schätzen. Insofern antik idealisch heisst nehmen die Römer nur insofern daran Theil, als es unmöglich ist, sie von den Griechen zu sondern.

III.Der eigenthümliche Vorzug der Griechen ist, die Aufgabe, als Nation das höchste Leben darzustellen, auf der schmalen Grenzlinie aufgefasst zu haben, unter welcher die Lösung minder gelungen, und über welcher sie minder möglich gewesen seyn würde.

Das sie Unterscheidende liegt also ganz und gar in der Darstellung, und kommt darin nur um so mehr mit einem Ideal überein, als auch der Begriff eines Ideals es immer mit sich bringt, dass die Idee sich der Möglichkeit ihres Erscheinens unterwerfe.

Das Vorherrschende im Griechischen Geist ist daher Freude an

Gleichgewicht und Ebenmass; auch das Edelste und Erhabenste nur da aufnehmen zu wollen, wo es mit einem Ganzen zusammenstimmt.

Das Leben kann wie eine Kunst, und der im Leben dargestellte Charakter wie ein Kunstwerk betrachtet werden. Wie nun in diesem nur das Genie den untheilbaren Punkt auffindet, in dem sich, nach gewaltigem Ringen, das Unsichtbare mit dem Sichtbaren zur Darstellung vermählt, so thut auch im Leben dies nur das Genie, und zwar das höchste von allen Genien, das eines ganzen, lebendig zusammenwirkendem Volkes.

IV. Um zu begreifen, wie eine ganze Nation sich einen nur durch Genialität erklärbaren Charakter geben könne, muss man einige Schritte zurück zur Betrachtung der Individualität thun.

Die Individualität eines Menschen ist Eins mit seinem Triebe. Das ganze Universum besteht nur durch den Trieb, und es lebt und ist nichts, als indem und solange es mit Fortgang zu leben und zu seyn ringt. Da der Trieb nicht anders als bestimmt seyn kann, so wird es auch durch ihn die Form des Lebens, und alle Verschiedenheit selbst, oder seiner Möglichkeit sich durch den Widerstand, den er findet, durchzuarbeiten.

Dieser Trieb ist derselbe in der Körper- und in der Geisteswelt, da er auf der einen Seite in der Organisation Gestalten schaft, die nur durch den Gedanken hervorgebracht, und auf der anderen z. B. in der Kunst und Sprache solche, durch welche sonst nicht auszudrückende Gedanken gegeben scheinen. Er kann daher ebensowohl dienen, das Höchste in der geistigen, als das Einfachste in der körperlichen Natur zu erklären.

Was nun dem Charakter der Griechen das Dasein gab, war dass in ihnen der Trieb, rein und voll Menschen zu seyn, sich durchaus herrschend zu machen verstand.

Was also wunderbarer Weise nur Werk des Genies seyn zu können schien, entstand aus blossem Hingeben an die Natur, wie überhaupt immer im Menschen das am feinsten Ausgebildete sich unmittelbar an das Ursprüngliche anschliesst, von dem es gleichsam nur deutlichere Umschreibung oder Übersetzung ist.

V. Dass der Trieb sich in der geistigen Natur des Menschen geltend mache, und ihm dann, über seinen Gattungscharakter, eine eigene bestimmte Form gebe, das kann nur durch Acte der Freiheit, d.h. solche, welche ausschliesslich aus der Persönlichkeit entspringen, geschehn.

Zwar kann die Freiheit weder den Trieb, noch, welches einerlei ist, den Charakter umändern; aber sie muss ihn wecken, und sogar die Richtung, die er nothwendig und unveränderlich durch sich selbst hat, willkürlich zu bestimmen scheinen; oder mit andern Worten, die Quelle der Willensbestimmungen muss in dem Gebiete liegen, in welchem beide, Nothwendigkeit und Freiheit, in einer höheren Idee untergehen.

Alsdann nennt man mit einem nur Deutschen verständlichen Wort den Trieb: Sehnsucht, und der Mensch hat daher nur insofern einen bestimmten Charakter als er eine bestimmte Sehnsucht hat, und da diese nur durch Kraft denkbar ist, nur soviel Charakter, als er menschliche Energie besitzt.

Das zweite Hervorstechende in den Griechen ist also die Tiefe mit der die Sehnsucht, welche sie atmen, auf die ihr entsprechenden Gegenstände gerichtet ist, und die leichte Lebendigkeit, mit der sie sich darstellt, und statt unbefriedigt fort zu schmachten, sich immer neu und immer schöner wiedererzeugt; mithin die Fülle, Reinheit und Stärke ihres geistigen Lebens.

VI. Von solcher (IV.) Sehnsucht (V.) beseelt, konnte das Streben der Griechen nur auf Darstellung des höchsten Lebens (III.), d.i. des menschlichsten Daseyns, gehen.

Das Grundstreben des Menschen ist auf unbegränzte Erweiterung der vereinten Energie seiner Empfindlichkeit und Selbstthätigkeit, und da er zugleich das Sichtbare und Unsichtbare umschliesst, auf die Schlichtung ihres Widerstreits ohne Vernichtung des einen oder des andern, und indess dies erreicht werden kann, auf ihre Scheinvereinigung in einem Symbol, d.h. in einer Gestalt gerichtet, in welcher das Allgemeine, als Besondres auftritt, und das Besondre sich zum Allgemeinen erweitert.

Diesem Bestreben ergab sich nun der Grieche reiner und ausschliesslicher, als eine andre Nation, und hieraus entsteht ein dritter, vierter und fünfter Hauptzug seines Charakters. Er suchte immer das Nothwendige und die Idee, mit Hinwegwerfung der zahllosen Zufälligkeiten des Wirklichen. Seine hauptsächlichste Energie war die Kunst, das Gebiet der Symbole.

Wenn deshalb die Einbildungskraft das herrschende Vermögen seiner Seele wurde, so war es nur die ächte, und schöpferische, die keiner andern Kraft vorgreift, und nie ihr Gebiet verkennt; er besass daher gleichviel Fähigkeit zur reinen Speculation, und gleichviel praktische Weisheit. Er war natürlich und idealisch, niemals chimärisch und phantastisch.

VII. Das Gefühl der Menschlichkeit war so tief in den Griechen, dass sie tief empfanden, wie wenig in dasselbe die Nothwendigkeit augenblicklicher Dauer verwebt ist. Auf der schmalen Grenze zwischen Leben und Tod wollten sie daher nur Leben und volles Leben.

Verachtung todter Formen war also ein sechster Hauptzug ihres Charakters; sie setzten immer nur gern wirkliche, nicht conventionelle Kräfte in Bewegung.

VIII. Dieser ganze Charakter aber erhielt erst volle Klarheit, Bestimmtheit und Mannigfaltigkeit durch das, was den siebenten Hauptzug der Griechen ausmachte, dass nemlich die Freuden der Geselligkeit jeden andern Genuss für sie übertrafen, dass alle ihre Einrichtungen durch die Neigung gebildet schienen, ihre Persönlichkeit in wechselseitige Reibung zu bringen, und dass sie eine sichtbare Richtung hatten, alles volksmässig zu machen, so wie denn auch in der That selbst feine Charakterzüge in ihnen sich im ganzen Volke darstellten.

Sogar die Familien machten bei den Griechen weniger abgesonderte Massen, als bei den Römern, und ihre Bande waren weniger trennend für die allgemeine Nationalgemeinschaft.

IX. Durch alle diese Züge wurde der Charakter der Griechen insofern das Ideal alles Menschendaseyns, dass man behaupten kann, dass sie die reine Form der menschlichen Bestimmung unverbesserlich vorzeichneten, wenn auch die Ausführung dieser Form hätte hernach auf andre Weise geschehen können.

Denn wie im Vorigen gesagt ist, so ist   die Bestimmung des

Menschen immer die Erzeugung des Absoluten aus sich selbst, aber mit Hülfe der Universalität von Erscheinungen, durch welche das Absolute sich einzeln offenbart.

Richtiges Verhältnis zwischen Empfänglichkeit und Selbstthätigkeit, innige Verschmelzung des Sinnlichen und Geistigen, Bewahren des Gleichgewichts und Ebenmasses in der Summe aller Bestrebungen, Zurückführen von Allem auf das wirkliche, handelnde Leben, und Darstellen jeder Erhabenheit im Einzelnen in der ganzen Masse der Nationen und des Menschengeschlechts, sind gleichsam die formalen Bestandtheile der menschlichen Bestimmung, und diese finden sich in dem Griechischen Charakter gerade mit aller Bestimmtheit der Umrisse, allem Reichthum der Form, aller Mannigfaltigkeit der Bewegung, und aller Stärke und Lebendigkeit der Farben gezeichnet. „

Wilhelm von Humboldt, GS VII: 609-613

Sir Karl Popper, *Duldsamkeit und intellektuelle Verantwortlichkeit (gestohlen von Xenophanes und Voltaire)* 31. Mai 1981 (Auszug)

II

„Der Titel meines Vortrages, *Duldsamkeit und intellektuelle Verantwortlichkeit,* spielt an auf ein Argument von Voltaire, des Vaters der Aufklärung; auf ein Argument für die Toleranz. ,Was ist Toleranz?' fragt Voltaire. Und er antwortet (ich übersetze frei):

Toleranz ist die notwendige Folge der Einsicht, dass wir fehlbare Menschen sind: Irren ist menschlich, und wir alle machen dauernd Fehler. *So lasst uns denn einander unsere Torheiten verzeihen.* Das ist das Fundament des Naturrechts.

Voltaire appelliert hier an unsere intellektuelle Redlichkeit: Wir sollen uns unsere Fehler, unsere Fehlbarkeit, unsere Unwissenheit eingestehen. Voltaire weiß wohl, dass es durch und durch überzeugte Fanatiker gibt. Aber ist ihre Überzeugung wirklich durch und durch ehrlich? Haben sie sich selbst, ihre Überzeugungen und deren Gründe ehrlich geprüft? Und ist die kritische Selbstprüfung nicht ein Teil aller intellektuellen Redlichkeit? Ist nicht der Fanatismus oft ein Versuch, unseren eigenen, uneingestandenen Unglauben, den wir unterdrückt haben und der uns daher nur halb bewusst ist, zu übertönen?

Voltaires Appell an unsere intellektuelle Bescheidenheit und vor allem sein Appell an unsere intellektuelle Redlichkeit hat zu seiner Zeit großen Eindruck auf die Intellektuellen gemacht. Ich möchte diesen Appell hier erneuern. Voltaire begründet die

Toleranz damit, dass wir einander unsere Torheiten vergeben sollen. Aber eine weitverbreitete Torheit, die der *Intoleranz,* findet Voltaire, mit Recht, schwer zu tolerieren. In der Tat, hier hat Toleranz ihre Grenzen. Wenn wir der Intoleranz den Rechtsanspruch zugestehen, toleriert zu werden, dann zerstören wir die Toleranz und den Rechtsstaat. Das war das Schicksal der Weimarer Republik.

Aber es gibt außer der Intoleranz noch andere Torheiten, die wir nicht tolerieren sollten; vor allem jene Torheit, die die Intellektuellen dazu bringt, mit der letzten Mode zu gehen; eine Torheit, die viele dazu gebracht hat, in einem dunklen, eindrucksvollen Stil zu schreiben, in jenem orakelhaften Stil, den Goethe Hexeneinmaleins und an anderen Stellen des *Faust* so vernichtend kritisiert hat. Dieser Stil, der Stil der großen, dunklen, eindrucksvollen und unverständlichen Worte, diese Schreibweise sollte nicht länger bewundert, ja sie sollte von den Intellektuellen nicht länger geduldet werden. Sie ist intellektuell unverantwortlich. Sie zerstört den gesunden Menschenverstand, die Vernunft. Sie macht jene Haltung möglich, die man als *Relativismus* bezeichnet hat. Diese Haltung führt zu de These, dass *alle* Thesen intellektuell mehr oder weniger gleich vertretbar sind. Alles ist erlaubt. Daher führt die These des Relativismus offenbar zur Anarchie, zur Rechtlosigkeit; und so zur Herrschaft der Gewalt.

Mein Thema, Toleranz und intellektuelle Verantwortlichkeiten, hat mich also zu der Frage des Relativismus geführt.

Ich möchte hier dem Relativismus eine Position gegenüberstellen, die fast immer mit dem Relativismus verwechselt wird, die aber von diesem grundverschieden ist. Ich habe diese Position oft als *Pluralismus* bezeichnet; aber das hat eben zu jenen Missverständnissen geführt. Ich will sie deshalb hier als einen *kritischen Pluralismus* charakterisieren. Während der Relativismus, der aus einer laxen Toleranz entspringt, zur Herrschaft der Gewalt führt, kann der kritische Pluralismus zur Zähmung der Gewalt beitragen.

Für die Gegenüberstellung von Relativismus und kritischem Pluralismus ist die Idee der *Wahrheit* von entscheidender Bedeutung.

Der Relativismus ist die Position, dass man alles behaupten kann, oder fast alles, und daher nichts. Alles ist wahr, oder nichts. Die Wahrheit ist also bedeutungslos.

Der kritische Pluralismus ist die Position, dass *im Interesse der Wahrheitssuche* jede Theorie – je mehr Theorien, desto besser – zum Wettbewerb zwischen den Theorien zugelassen werden soll. Dieser Wettbewerb besteht in der rationalen Diskussion der Theorien und in ihrer kritischen Eliminierung. Die Diskussion ist rational; und das heißt, dass es um die Wahrheit der konkurrierenden Theorien geht: die Theorie, die in der kritischen Diskussion der Wahrheit näher zu kommen scheint, ist die bessere; und die bessere Theorie verdrängt die schlechteren Theorien. Es geht also um die Wahrheit.

III

Die Idee der objektiven Wahrheit und die Idee der Wahrheitssuche sind hier von entscheidender Bedeutung.

Der Mann, der als erster eine Wahrheitstheorie entwickelte, die Idee der objektiven Wahrheit mit der Idee unserer grundsätzlichen Fehlbarkeit verband, war der Vorsokratiker

Xenophanes. Er wurde vermutlich 571 vor Christus im kleinasiatischen Jonien geboren. Er war der erste Grieche, der Literaturkritik schrieb; der erste Ethiker; der erste Erkenntniskritiker; und der erste spekulative Monotheist.

Xenophanes war der Gründer einer Tradition, einer Denkrichtung, zu der unter anderen Sokrates, Montaigne, Erasmus, Voltaire, Hume, Lessing und Kant gehörten.

Diese Tradition wird manchmal als die der skeptischen Schule bezeichnet. Aber diese Bezeichnung kann leicht zu Missverständnissen führen. Dudens deutsches Wörterbuch erklärt „Skepsis" als „Zweifel, Ungläubigkeit" und „Skeptiker" als „misstrauischer Mensch", und das ist offenbar die deutsche Bedeutung des Wortes, und die moderne Bedeutung überhaupt. Aber das griechische Verb, von dem sich die deutsche Wortfamilie (skeptisch, Skeptiker, Skeptizismus) herleitet, bedeutet ursprünglich nicht „zweifeln", sondern „prüfend betrachten, prüfen, erwägen, untersuchen, suchen, forschen".

Unter den Skeptikern im ursprünglichen Sinn dieses Wortes hat es sicher auch viele Zweifler und vielleicht auch misstrauische Menschen gegeben, aber die fatale Gleichsetzung der Worte „Skepsis" und „Zweifel" war vielleicht ein Schachzug der stoischen Schule, die ihre Konkurrenten karikieren wollte. Jedenfalls waren die Skeptiker Xenophanes, Sokrates, Erasmus, Montaigne, Locke, Voltaire und Lessing alle Theisten oder Deisten. Was alle die Mitglieder dieser skeptischen Tradition gemeinsam haben – auch Nicolaus von Cues, der ein Kardinal war, und Erasmus von Rotterdam – und was auch ich mit dieser Tradition gemeinsam habe, ist, dass wir unsere menschliche *Unwissenheit* betonen. Daraus ziehen wir wichtige ethische Konsequenzen: *Duldsamkeit,* aber *keine* Duldung der

Unduldsamkeit, der Gewalt und der Grausamkeit.

Xenophanes war von Beruf Rhapsode. Geschult an Homer und Hesiod, kritisierte er beide. Seine Kritik war ethisch und pädagogisch. Er wandte sich dagegen, dass Götter stehlen, lügen, ehebrechen, wie Homer und Hesiod erzählen. Das führte ihn dazu, die homerische Götterlehre einer Kritik zu unterwerfen. Das wichtige Ergebnis der Kritik war die Entdeckung dessen, was wir heute als Anthropomorphismus bezeichnen: die Entdeckung, dass die griechischen Göttergeschichten nicht ernst zu nehmen sind, weil sie die Götter als Menschen darstellen.

Ich darf vielleicht hier einige der Argumente des Xenophanes in Versform zitieren, in meiner fast wörtlichen Übersetzung:

Stumpfnasig, schwarz: so seh'n Äthiopiens Menschen die Götter, Blauäugig aber und blond: so seh'n ihre Götter die Thraken, Aber die Rinder und Rosse und Löwen, hätten sie Hände, Hände wie Menschen, zum Zeichnen, zum Malen, ein Bildwerk zu schaffen, Dann würden Rosse die Götter gleich Rossen, die Rinder gleich Rindern Malen, und deren Gestalten, die Formen der göttlichen Körper, Nach ihrem eigenen Bilde erschaffen: ein jedes nach seinem.

Damit stellt sich Xenophanes sein Problem: Wie sollen wir uns die Götter denken, *nach* dieser Kritik des Anthropomorphismus? Wir haben vier Fragmente, die einen wichtigen Teil seiner Antwort enthalten. Die Antwort ist monotheistisch, obwohl Xenophanes, ähnlich wie Luther in seiner Übersetzung des ersten Gebotes, in der Formulierung seines Monotheismus seine Zuflucht zu „Göttern" im Plural nimmt. Xenophanes schreibt;

Ein Gott nur ist der größte, allein unter Göttern und Menschen, Nicht an Gestalt den Sterblichen gleich, noch in seinen Gedanken. Stets am selbigen Ort verharrt er, ohne Bewegung, Und es geziemt ihm auch nicht, bald hierhin, bald dorthin zu wandern. Mühelos schwingt er das All, allein durch sein Wissen und Wollen. Ganz ist er Sehen; ganz Denken und Planen; und ganz ist er Hören.

Das sind die vier Fragmente, die uns über Xenophanes' spekulative Theologie unterrichten.

Es ist klar, dass diese völlig neue Theorie für Xenophanes die Lösung eines schwierigen Problems war. In der Tat, sie kam ihm als Lösung des größten aller Probleme, des Weltproblems. Niemand, der etwas über die Psychologie der Erkenntnis weiß, kann bezweifeln, dass diese neue Einsicht ihrem Schöpfer wie eine Offenbarung erscheinen musste.

Trotzdem sagte er klar und ehrlich, dass seine Theorie nicht mehr war als eine Vermutung. Das war ein selbstkritischer Sieg ohnegleichen, ein Sieg seiner intellektuellen Redlichkeit und seiner Bescheidenheit.

Xenophanes verallgemeinerte diese Selbstkritik in einer für ihn überaus charakteristischen Weise: Ihm wurde klar, dass das, was er über seine eigene Theorie herausgefunden hatte – dass sie trotz ihrer intuitiven Überzeugungskraft nicht mehr war als eine Vermutung – von allen menschlichen Theorien gelten muss: Alles ist nur Vermutung. Das scheint mir zu verraten, dass es ihm nicht allzuleicht geworden ist, seine eigene Theorie als Vermutung zu sehen.

Xenophanes formuliert diese kritische Theorie der Erkenntnis in vier schönen Verszeilen:

Sichere Wahrheit erkannte kein Mensch und wird keiner erkennen Über die Götter und alle die Dinge, von denen ich spreche. Sollte einer auch einst die vollkommenste Wahrheit verkünden Wissen könnt' er das nicht: Es ist alles durchwebt von Vermutung.

Diese vier Zeilen enthalten mehr eine Theorie der Unsicherheit des menschlichen Wissens. Sie enthalten *eine Theorie der objektiven Wahrheit*. Denn Xenophanes lehrt hier, dass etwas, das ich sage, wahr sein kann, ohne dass ich oder sonst jemand *weiß*, dass es wahr ist. Das heißt aber, dass die Wahrheit *objektiv* ist: Wahrheit ist die Übereinstimmung dessen, was ich sage, mit den Tatsachen; ob ich es nun *weiß oder nicht weiß,* dass die Übereinstimmung besteht.

Darüber hinaus enthalten diese vier Zeilen noch eine weitere sehr wichtige Theorie. Sie enthalten den Hinweis auf den Unterschied zwischen der objektiven *Wahrheit* und der subjektiven *Gewissheit* des Wissens. Die vier Zeilen sagen, dass ich, auch wenn ich die vollkommenste Wahrheit verkünde, diese Wahrheit nie *mit Sicherheit* wissen kann. Denn es gibt kein unfehlbares Kriterium der Wahrheit: Wir können eben nie, oder fast nie, ganz sicher sein, dass wir uns nicht geirrt haben.

Aber Xenophanes war kein erkenntnistheoretischer Pessimist. Er war ein Sucher; und es gelang ihm, im Laufe seines langen Lebens, manche seiner Vermutungen kritisch zu verbessern, besonders auch seine naturwissenschaftlichen Theorien. Er formuliert das folgendermaßen:

Nicht vom Beginn an enthüllen die Götter den Sterblichen alles. Aber im Laufe der Zeit finden wir, suchend, das Bess're.

Xenophanes erklärt auch, was er hier mit „dem Besseren" meint: Er meint die Annäherung an die objektive Wahrheit: die Wahrheitsnähe, die Wahrheitsähnlichkeit. Denn er sagt von einer seiner Vermutungen:

Diese Vermutung ist, so scheint es, der Wahrheit recht ähnlich.

Es ist möglich, dass in diesem Fragment die Worte „diese Vermutung" auf Xenophanes' monotheistische Theorie der Gottheit anspielen.

Xenophanes' Theorie des menschlichen Wissens enthält also die folgenden Punkte:

1.Unser Wissen besteht aus Aussagen.

2. Aussagen sind wahr oder falsch.

3.Die Wahrheit ist objektiv. Sie ist die Übereinstimmung des Aussageinhaltes nur den Tatsachen.

4.Selbst dann, wenn wir die vollkommenste Wahrheit aussprechen, können wir das nicht wissen; das heißt, nicht mit Sicherheit, nicht mit Gewissheit wissen.

5.Da „Wissen" im vollen Sinn des Wortes „sicheres Wissen" ist, so gibt es kein Wissen, sondern nur *Vermutungswissen*: „Es ist alles durchwebt von Vermutung."

6.Aber in unserem Vermutungswissen gibt es einen Fortschritt zum Besseren.

7.Das bessere Wissen ist eine bessere Annäherung an die Wahrheit.

8.Aber es bleibt immer Vermutungswissen – von Vermutung durchwebt.

Zum vollen Verständnis von Xenophanes' Theorie der Wahrheit ist es besonders wichtig, zu betonen, dass Xenophanes die objektive *Wahrheit* von der subjektiven *Sicherheit* deutlich unterscheidet. Die objektive Wahrheit ist die Übereinstimmung mit einer Aussage mit den Tatsachen, ob wir das nun wissen – sicher wissen- oder nicht. *Die Wahrheit darf also nicht mit der Sicherheit verwechselt werden* oder mit dem sicheren Wissen. Wer etwas sicher weiß, der kennt die Wahrheit. Aber es kommt oft vor, dass jemand etwas vermutet, ohne es sicher zu wissen; und dass seine Vermutung tatsächlich wahr ist. Xenophanes deutet ganz richtig an, dass es viele Wahrheiten gibt – und wichtige Wahrheiten -, die niemand sicher weiß; ja, die niemand wissen kann, obwohl sie

von manchem vermutet werden. Und er deutet weiter an, dass es Wahrheiten gibt, die niemand auch nur vermutet.

In der Tat, in jeder Sprache, in der wir über die unendlich vielen natürlichen Zahlen sprechen können, gibt es unendlich viele klare und eindeutige Sätze (zum Beispiel $17_2 = 627 +2$). Jeder dieser Sätze ist entweder wahr oder, wenn er falsch ist, so ist seine Negation wahr. Es gibt also unendlich viele Wahrheiten. Und daraus folgt weiter, dass es unendlich viele Wahrheiten gibt, die wir niemals wissen können. Es gibt unendlich viele, für uns unerkennbare Wahrheiten.

Auch heute noch gibt es viele Philosophen, die denken, dass die Wahrheit nur dann von Bedeutung für uns sein kann, wenn wir sie besitzen; also wenn wir sie mit Sicherheit wissen. Aber gerade das Wissen um die Tatsache, dass es Vermutungswissen gibt, ist von großer Bedeutung. Es gibt Wahrheiten, denen wir nur in mühevollem Suchen näherkommen können. Unser Weg führt fast immer durch den Irrtum; und ohne Wahrheit kann es keinen Irrtum geben. (Und ohne Irrtum gibt es keine Fehlbarkeit.)

IV

Einige der Einsichten, die ich soeben beschrieben habe, waren mir schon ziemlich klar, bevor ich Xenophanes' Fragmente gelesen hatte. Vielleicht hätte ich sie sonst nicht verstanden. Dass gerade unser bestes Wissen von Vermutungen durchwebt und unsicher ist, war mir durch Einstein klar geworden. Denn er zeigte, dass Newtons Theorie der Gravitation, trotz ihrer großartigen Erfolge, Vermutungswissen ist, ebenso wie auch

Einsteins eigene Gravitationstheorie; und ebenso wie jene, so scheint auch diese Theorie nur eine Annäherung an die Wahrheit zu sein.

Ich glaube nicht, dass mir die Bedeutung des Vermutungswissens ohne Newton und Einstein je klar geworden wäre; und so fragte ich mich, wie es wohl Xenophanes vor 2500 Jahren klar werden konnte. Vielleicht ist folgendes die Antwort auf diese Frage:

Xenophanes glaubte ursprünglich an das Weltbild Homers, so wie ich an das Weltbild Newtons. Dieser Glaube wurde bei ihm wie bei mir erschüttert: bei ihm durch seine eigene Kritik an Homer, bei mir durch Einsteins Kritik an Newton. Sowohl Xenophanes wie Einstein ersetzten das kritisierte Weltbild durch ein neues; und beide waren sich bewusst, dass ihr neues Weltbild nur eine Vermutung war.

Die Einsicht, dass Xenophanes meine Theorie des Vermutungswissens vor 2500 Jahren vorweggenommen hat, lehrte mich, bescheiden zu sein. Aber auch die Idee der intellektuellen Bescheidenheit wurde fast ebenso lang vorweggenommen. Sie stammt von Sokrates.

Sokrates war der zweite und viel einflussreichere Gründer der skeptischen Tradition. Er lehrte: Nur der ist weise, der weiß, dass er es *nicht* ist.

Sokrates, und etwa gleichzeitig Demokrit, machten, unabhängig voneinander, dieselbe ethische Entdeckung. Beide sagten, fast mit denselben Worten; ‚Unrecht erleiden ist besser als Unrecht tun.‘

Man kann wohl sagen, dass diese Einsicht – jedenfalls zusammen mit der Einsicht, wie wenig wir wissen – zur Toleranz führt; wie es dann später Voltaire lehrte.

V

Ich komme nun dazu, die gegenwärtige Bedeutung dieser selbstkritischen Philosophie der Erkenntnis zu besprechen.

Hier ist zuerst der folgende Einwand von Interesse. Es ist ja richtig, wird man sagen, dass Xenophanes, Demokrit und Sokrates nichts wussten; und es war in der Tat Weisheit, dass sie ihr eigenes Nichtwissen erkannten; und vielleicht noch größere Weisheit, dass sie die Haltung von Suchern annahmen. Wir -oder richtiger, unsere Naturwissenschaftler – sind noch immer Sucher, Forscher. Aber heute sind die Naturwissenschaftler nicht nur Sucher, sondern auch Finder. Und sie wissen ja eine ganze Menge; soviel, dass die bloße Menge unseres naturwissenschaftlichen Wissens zum Problem geworden ist. Können wir also heute noch ernstlich unsere Philosophie des Erkennens auf die Sokratische These des Nichtwissens aufbauen?

Der Einwand ist richtig. Aber nur, wenn wir vier überaus wichtige Zusätze gemacht haben.

Erstens: Wenn hier gesagt wird, dass die Naturwissenschaft vieles weiß, dann ist das zwar richtig, aber das Wort „Wissen" wird hier, anscheinend unbewusst, in einem Sinn gebraucht, der völlig verschieden ist von dem Sinn, den Xenophanes und Sokrates meinten und den das Wort „Wissen" auch in der heutigen Umgangssprache noch hat. Denn wir meinen bei „Wissen" immer „*sicheres* Wissen". Wenn jemand sagt: "Ich *weiß*, dass heute Dienstag ist, aber ich bin *nicht* sicher, dass heute Dienstag ist" , so widerspricht er sich selbst , oder er zieht im zweiten Teil seines Satzes zurück, war er im ersten Teil gesagt hat.

Aber das naturwissenschaftliche Wissen ist eben *nicht* sicheres Wissen. Es ist revidierbar. Es besteht aus überprüften *Vermutungen* – im besten Fall ungemein streng überprüften Vermutungen, aber doch immer nur aus *Vermutungen*. Es ist hypothetisches Wissen, *Vermutungswissen.* Das ist der erste Zusatz, und er allein ist eine volle Rechtfertigung des sokratischen Nichtwissens und der Bemerkung des Xenophanes, dass auch dann, wenn wir die vollkommene Wahrheit aussprechen, wir nicht *wissen* können, dass das, was wir gesagt haben, wahr ist.

Der zweite Zusatz, den ich zu dem Einwand machen muss, dass wir heute soviel wissen, ist der folgende: Mit fast jeder neuen naturwissenschaftlichen Errungenschaft, mit jeder hypothetischen Lösung eines naturwissenschaftlichen Problems wachsen die Zahl und sie Schwierigkeit der offenen Probleme, und zwar weit schneller als die Lösungen. Wir können wohl sagen, dass, während unser hypothetisches Wissen endlich ist, unser Nichtwissen unendlich ist. Aber nicht nur das: Für den richtigen Naturwissenschaftler, der einen Sinn für offene Probleme hat, wird die Welt in einem ganz konkreten Sinn immer rätselhafter.

Mein dritter Zusatz ist der folgende; Wenn wir sagen, dass wir heute *mehr* wissen als Xenophanes oder Sokrates, dann ist das vermutlich unrichtig, falls wir „wissen" im subjektiven Sinne interpretieren. Vermutlich weiß jeder von uns nicht *mehr,* sondern *andere* Dinge. Wir haben gewisse Theorien, gewisse Hypothesen, gewisse Vermutungen gegen andere ausgetauscht, sehr oft gegen bessere, bessere im Sinne der Wahrheitsnähe.

Den *Inhalt* dieser Theorien, Hypothesen, Vermutungen kann man als *Wissen im objektiven* Sinne bezeichnen, im Gegensatz zum subjektiven oder persönlichen Wissen. Zum Beispiel das, was im vielbändigen Handbuch der Physik enthalten ist, ist unpersönliches oder objektives – und natürlich hypothetisches – Wissen: Es geht weit über das hinaus, was auch der gelehrteste Physiker wissen kann. Das, was ein Physiker weiß – oder, genauer, vermutet-, kann als sein persönliches oder subjektives Wissen bezeichnet werden. Beides -den unpersönliche und das persönliche Wissen -ist größtenteils hypothetisch und verbesserungsfähig. Aber nicht nur geht das unpersönliche Wissen heutzutage weit über das hinaus, was irgendein Mensch persönlich wissen kann, sondern der Fortschritt des unpersönlichen, des objektiven Wissens ist so schnell, dass das persönliche Wissen nur auf kurze Zeit und in kleinen Gebieten Schritt halten kann: Es wird überholt.

Hier haben wir noch einen vierten Grund, um Sokrates recht zu geben. Denn dieses überholte Wissen besteht aus Theorien, die sich als falsch herausgestellt haben. Überholtes Wissen ist daher, zumindest im Sinn der Umgangssprache, bestimmt kein Wissen.

VI

Wir haben also vier Gründe, die zeigen, dass auch heute die Sokratische Einsicht „Ich weiß, dass ich nichts weiß, und kaum das" hochaktuell ist – vielleicht noch aktueller als zur Zeit des Sokrates. Und wir haben Grund, zur Verteidigung der Toleranz aus dieser Einsicht jene ethische Konsequenz zu ziehen, die von Erasmus, Montaigne, Voltaire und später Lessing gezogen wurden. Und noch weitere noch weitere Konsequenzen.

Die Prinzipien, die jeder rationalen Diskussion zugrunde liegen, das heißt jeder Diskussion im Dienste der Wahrheitssuche, sind recht eigentlich *ethische* Prinzipien. Ich möchte drei solche Prinzipien angeben.

1.Das Prinzip der Fehlbarkeit: Vielleicht habe ich unrecht, und vielleicht hast du recht. Aber wir können auch beide unrecht haben.

2.Das Prinzip der vernünftigen Diskussion: Wir wollen versuchen, möglichst unpersönlich unsere Gründe für und wider eine bestimmte, kritisierbare Theorie abzuwägen.

3.Das Prinzip der Annäherung an die Wahrheit: Durch eine sachliche Diskussion kommen wir fast immer der Wahrheit näher; und wir kommen zu einem besseren Verständnis; auch dann, wenn wir nicht zu einer Einigung kommen.

Es ist bemerkenswert, dass alle drei Prinzipien erkenntnistheoretische und gleichzeitig ethische Prinzipien sind. Denn sie implizieren unter anderem Duldsamkeit, Toleranz. Wenn ich von dir lernen kann und im Interesse der Wahrheitssuche lernen will, dann muss ich dich nicht nur dulden, sondern als potentiell gleichberechtigt anerkennen, die potentielle Einheit und Gleichberechtigung aller Menschen sind eine Voraussetzung unserer Bereitschaft, rational zu diskutieren. Wichtig ist auch das Prinzip, dass wir von einer Diskussion viel lernen können; auch dann, wenn sie nicht zu einer Einigung führt. Denn die Diskussion kann uns lehren, einige Schwächen unserer Position zu verstehen.

Es liegen also der Naturwissenschaft ethische Prinzipien zugrunde. Die Idee der Wahrheit als das grundlegende regulative Prinzip ist ein solches ethisches Prinzip.

Die Wahrheitssuche und die Idee der Annäherung and die

Wahrheit sind weitere ethische Prinzipien; ebenso auch die Idee der intellektuellen edlen Redlichkeit und die der Fehlbarkeit, die uns zur selbstkritischen Haltung und zur Toleranz führt.

Sehr wichtig ist auch, dass wir im Gebiet der Ethik *lernen* können.

VII

Das möchte ich noch am Beispiel der Ethik für die Intellektuellen aufzeigen, insbesondere der Ethik für die intellektuellen Berufe: der Ethik für die Wissenschaftler, für die Mediziner, Juristen, Ingenieure, Architekten; für die öffentlichen Beamten und, sehr wichtig, für die Politiker.

Ich möchte Ihnen einige Sätze für *eine neue Berufsethik* unterbreiten, Sätze, die mit den Ideen der Toleranz und der intellektuellen Redlichkeit eng zusammenhängen.

Zu diesem Zweck werde ich zuerst die alte Berufsethik charakterisieren und vielleicht auch ein klein wenig karikieren, um sie dann mit der neuen Berufsethik, die ich vorschlage, zu vergleichen.

Beiden, der *alten* und der *neuen* Berufsethik, liegen, zugegebenermaßen, die Ideen der Wahrheit, der Rationalität und der intellektuellen Verantwortlichkeit zugrunde. Aber die alte Ethik war auf die Idee des persönlichen Wissens und des sicheren Wissens gegründet und damit auf die Idee der *Autorität;* während die neue Ethik auf die Idee des objektiven Wissens und des unsicheren Wissens gegründet ist. Dadurch ändert sich die unterliegende Denkweise grundlegend, und damit auch die *Rolle* der Ideen der Wahrheit, der Rationalität und der intellektuellen Redlichkeit und Verantwortlichkeit.

Das alte Ideal war, Wahrheit und Sicherheit zu *besitzen* und die Wahrheit, wenn möglich, durch einen logischen Beweis zu *sichern*.

Diesem auch heute noch weitgehend akzeptierten Ideal entspricht das persönliche Ideal des Weisen -natürlich nicht im sokratischen Sinn, sondern das Platonische Ideal des Wissenden, der eine Autorität ist; des Philosophen, der gleichzeitig ein königlicher Herrscher ist.

Der alte Imperativ für den Intellektuellen ist: Sei eine Autorität! Wisse alles auf deinem Gebiet!

Wenn du einmal als Autorität anerkannt bist, dann wird deine Autorität von deinen Kollegen beschützt werden, und du mußt natürlich die Autorität deiner Kollegen beschützen.

Die alte Ethik, die ich beschreibe, verbietet es, Fehler zu machen. Ein Fehler ist absolut unerlaubt. Daher dürfen Fehler nicht zugegeben werden. Ich brauche nicht zu betonen, dass diese alte professionelle Ethik intolerant ist. Und sie war auch immer schon intellektuell unredlich: Sie führt zum Vertuschen der Fehler um der Autorität willen; insbesondere auch in der Medizin.

VIII

Ich schlage deshalb eine *neue* Berufsethik vor; vor allem, aber nicht nur, für Naturwissenschaftler. Ich schlage vor, sie auf folgende zwölf Prinzipien zu gründen, mit denen ich schließe.

1.Unser objektives Vermutungswissen geht immer weiter über das hinaus, was *ein* Mensch meistern kann. *Es gibt daher keine Autoritäten.* Das gilt auch innerhalb von Spezialfächern.

2. *Es ist unmöglich, alle Fehler zu vermeiden* oder auch nur alle an sich vermeidbaren Fehler. Fehler werden dauernd von allen Wissenschaftlern gemacht. Die alte Idee, dass man Fehler vermeiden kann und daher verpflichtet ist, sie zu vermeiden, muß revidiert werden: Sie selbst ist fehlerhaft.

3. *Natürlich bleibt es unsere Aufgabe, Fehler nach Möglichkeit zu vermeiden.* Aber gerade um sie zu vermeiden, müssen wir uns vor allem klar darüber werden, wie schwer es ist, sie zu vermeiden, und dass es niemandem völlig gelingt. Es gelingt auch nicht den schöpferischen Wissenschaftlern, die von ihrer Intuition geleitet werden: Die Intuition kann uns auch irreführen.

4. Auch in den am besten bewährten unter unseren Theorien können Fehler verborgen sein; und es ist die spezifische Aufgabe des Wissenschaftlers, nach solchen Fehlern zu suchen. Die Feststellung, dass eine gut bewährte Theorie oder ein viel verwendetes praktisches Verfahren fehlerhaft ist, kann eine wichtige Entdeckung sein.

5.*Wir müssen deshalb unsere Einstellung zu unseren Fehlern ändern.* Es ist *hier,* wo unsere praktische ethische Reform beginnen muss. Denn die alte berufsethische Einstellung führt dazu, unsere Fehler zu vertuschen, zu verheimlichen und so schnell wie möglich zu vergessen.

6. Das neue Grundgesetz ist, dass wir, um zu lernen, Fehler möglichst zu vermeiden, *gerade von unseren Fehlern lernen* müssen. Fehler zu vertuschen ist deshalb die größte intellektuelle Sünde.

7. Wir müssen daher dauernd nach unseren Fehlern Ausschau halten. Wenn wir sie finden, müssen wir sie uns einprägen; sie nach allen Seiten analysiere, um ihnen auf den Grund zu gehen.

8. Die selbstkritische Haltung und die Aufrichtigkeit werden damit zur Pflicht.

9. Da wir von unseren Fehlern lernen müssen, so müssen wir es auch lernen, es anzunehmen, ja, *dankbar* anzunehmen, wenn andere uns auf Fehler aufmerksam machen. Wenn wir andere auf ihre Fehler aufmerksam machen, so sollen wir uns immer daran erinnern, dass wir selbst ähnliche Fehler gemacht haben wie sie. Und wir sollen uns daran erinnern, dass die größten Wissenschaftler Fehler gemacht haben. Ich will sicher nicht sagen, dass unsere Fehler gewöhnlich entschuldbar sind: Wir dürfen in unserer Wachsamkeit nicht nachlassen. Aber es ist menschlich unvermeidbar, immer wieder Fehler zu machen.

10. Wir müssen uns klarwerden, *dass wir andere Menschen zur Entdeckung und Korrektur von Fehlern brauchen (und sie uns);* insbesondere auch Menschen, die mit anderen Ideen in einer anderen Atmosphäre aufgewachsen sind. Auch das führt zu Toleranz.

11. Wir müssen lernen, dass Selbstkritik die beste Kritik ist; dass aber die *Kritik durch andere eine Notwendigkeit* ist. Sie ist fast ebenso gut wie Selbstkritik.

12. Rationale Kritik muss immer spezifisch sein: Sie muss spezifische Gründe angeben, warum spezifische Aussagen, spezifische Hypothesen falsch zu sein scheinen oder spezifische Argumente ungültig. Sie muss von der Idee geleitet sein, der objektiven Wahrheit näher zu kommen. Sie muss in diesem Sinne unpersönlich sein.

Ich bitte Sie, meine Formulierungen als Vorschläge zu betrachten. Sie sollen zeigen, dass man, auch im ethischen

Gebiet, diskutierbare und verbesserbare Vorschläge machen kann."

Vortrag gehalten am 31. Mai 1981 an der Universität Tübingen, zitiert aus: Karl R. Popper, *Auf der Suche nach einer besseren Welt. Vorträge und Aufsätze aus dreißig Jahren*. Serie Piper, München 1987, pp 213-229

Gotthold Ephraim Lessing,

Nathan der Weise, III, 7: Ringparabel. (1779)

„NATHAN. Vor grauen Jahren lebt' ein Mann im Osten,

Der einen Ring von unschätzbarem Wert'

Aus lieber Hand besaß. Der Stein war ein

Opal, der hundert schöne Farben spielte,

Und hatte die geheime Kraft, vor Gott

Und Menschen angenehm zu machen, wer

In dieser Zuversicht ihn trug. Was Wunder,

Dass ihn der Mann in Osten darum nie

Vom Finger ließ; und die Verfügung traf,

Auf ewig ihn bei seinem Hause zu

Erhalten? Nämlich so. Er ließ den Ring

Von seinen Söhnen dem geliebtesten;

Und setzte fest, dass dieser wiederum

Den Ring von seinen Söhnen dem vermache,

Der ihm der liebste sei; und stets der liebste,

Ohn' Ansehn der Geburt, in Kraft allein

Des Rings, das Haupt, der Fürst des Hauses werde.-

Versteh mich, Sultan.

SALADIN.   Ich versteh dich. Weiter!

NATHAN.   So kann nun dieser Ring, von Sohn zu Sohn,

Auf einen Vater endlich von drei Söhnen;

Die alle drei ihm gleich gehorsam waren,

Die alle drei er folglich gleich zu lieben

Sich nicht entbrechen konnte. Nur von Zeit

Zu Zeit schien ihm bald der, bald dieser, bald

Der dritte, - so wie jeder sich mit ihm

Allein befand, und sein ergießend Herz

Die andern zwei nicht teilten, - würdiger

Des Ringes; der er denn auch einem jeden

Die fromme Schwachheit hatte, zu versprechen.

Das ging nun so, so lang es ging. – Allein

Es kam zum Sterben, und der gute Vater

Kömmt in Verlegenheit. Es schmerzt ihn, zwei

Von seinen Söhnen, die sich auf sein Wort

Verlassen, so zu kränken. – Was zu tun? –

Er sendet in geheim zu einem Künstler,

Bei dem er, nach dem Muster seines Ringes,

Zwei andere bestellt, und weder Kosten

Noch Mühe sparen heißt, sie jenem gleich,

Vollkommen gleich zu machen. Das gelingt

Dem Künstler. Da er ihm die Ringe bringt,

Kann selbst der Vater seinen Musterring

Nicht unterscheiden. Froh und freudig ruft

Er seine Söhne, jeden ins besondre;

Gibt jedem ins besondre seinen Segen, -

Und seinen Ring, - und stirbt. – Du hörst doch, Sultan?

SALADIN.   (der sich betroffen von ihm gewandt).

Ich hör, ich höre! – Komm mit deinem Märchen

Nur bald zu Ende. – Wird's?

NATHAN.   Ich bin zu Ende.

Denn was noch folgt, versteht sich ja von selbst. –

Kaum war der Vater tot, so kömmt ein jeder

Mit seinem Ring', und jeder will der Fürst

Des Hauses sein. Man untersucht, man zankt,

Man klagt. Umsonst; der rechte Ring war nicht

Erweislich; -

(Nach einer Pause, in welcher er des Sultans Antwort erwartet)

Fast so unerweislich, als

Uns itzt – der rechte Glaube.

SALADIN.   Wie? Das soll

Die Antwort sein auf meine Frage?...

NATHAN.   Soll

Mich bloß entschuldigen, wenn ich die Ringe,

Mir nicht getrau zu unterscheiden, die

Der Vater in der Absicht machen ließ,

Damit sie nicht zu unterscheiden wären.

SALADIN.   Die Ringe! – Spiele nicht mit mir! – Ich dächte,

Dass die Religionen, die ich dir

Genannt, doch wohl zu unterscheiden wären.

Bis auf die Kleidung; bis auf Speis und Trank!

NATHAN.   Und nur von Seiten ihrer Gründe nicht. –

Denn gründen alle sich nicht auf Geschichte?

Geschrieben oder überliefert! – Und

Geschichte muss doch wohl allein auf Treu

Und Glauben angenommen werden? – Nicht? –

Nun wessen Treu und Glauben zieht man denn

Am wenigsten in Zweifel? Doch der Seinen?

Doch deren Blut wir sind? Doch deren, die

Von Kindheit an uns Proben ihrer Liebe

Gegeben? Die uns nie getäuscht, als wo

Getäuscht zu werden uns heilsamer war? –

Wie kann ich meinen Vätern weniger,

Als du den deinen glauben? Oder umgekehrt. –

Kann ich von dir verlangen, dass du deine

Vorfahren Lügen strafst, um meinen nicht

Zu widersprechen? Oder umgekehrt.

Das nämliche gilt von den Christen. Nicht? –

SALADIN.   (Bei dem Lebendigen! Der Mann hat Recht.

Ich muss verstummen.)

NATHAN.   Lass auf unsre Ring'

Uns wieder kommen. Wie gesagt: die Söhne

Verklagten sich; und jeder schwur dem Richter,

Unmittelbar aus seines Vaters Hand

Den Ring zu haben. – Wie auch wahr! – Nachdem

Er von ihm lange das Versprechen schon

Gehabt, des Ringes Vorrecht einmal zu

Genießen. – Wie nicht minder wahr! – Der Vater

Beteu'rte jeder, könne gegen ihn

Nicht falsch gewesen sein; und eh' er seine Brüder,

So gern er sonst von ihnen nur das Beste

Bereit zu glauben sei, des falschen Spiels

Beziehen; und es wolle die Verräter

Schon auszufinden wissen; sich schon rächen.

SALADIN.   Und nun, der Richter? – Mich verlangt zu hören,

Was du den Richter sagen lässest. Sprch!

NATHAN.   Der Richter sprach: wenn ihr mir nun den Vater

Nicht bald zur Stelle schafft, so weis' ich euch

Von meinem Stuhle. Denkt ihr, dass ich Rätsel

Zu lösen da bin? Oder harret ihr,

Bis dass der rechte Ring den Mund eröffne? –

Doch halt! Ich höre ja, der rechte Ring

Besitzt die Wunderkraft beliebt zu machen;

Vor Gott und Menschen angenehm. Das muss

Entscheiden! Denn die falschen Ringe werden

Doch das nicht können! – Nun; wen lieben zwei

Von euch am meisten? – Macht, sagt an! Ihr schweigt?

Die Ringe wirken nur zurück? und nicht

Nach außen? Jeder liebt sich selber nur

Am meisten? - O so seid ihr alle drei

Betrogene Betrieger? Eure Ringe

Sind alle drei nicht echt. Der echte Ring

Vermutlich ging verloren. Den Verlust

Zu bergen, zu ersetzen, ließ den Vater

Die drei für einen machen.

SALADIN.   Herrlich! herrlich!

NATHAN.   Und also; fuhr der Richter fort, wenn ihr

Nicht meinen Rat, statt meines Spruches, wollt:

Geht nur! – Mein Rat ist aber der: ihr nehmt

Die Sache völlig wie sie liegt. Hat von

Euch jeder seinen Ring von seinem Vater:

So glaube jeder sicher seinen Ring

Den echten. – Möglich; dass der Vater nun

Die Tyrannei des Einen Rings nicht länger

In seinem Hause dulden wolle! – Und gewiß;

Dass er euch alle drei geliebt, und gleich

Geliebt: indem er zwei nicht drücken mögen,

Um einen zu begünstigen. -Wohlan!

Es eifre jeder seiner unbestochnen

Von Vorurteilen freien Liebe nach!

Es strebe von Euch jeder um die Wette,

Die Kraft des Steins in seinem Ring' an Tag

Zu legen! komme dieser Kraft mit Sanftmut,

Mit herzlicher Verträglichkeit, mit Wohltun,

Mit innigster Ergebenheit in Gott,

Zu Hülf'! Und wenn sich dann der Steine Kräfte

Bei euern Kindes-Kindeskindern äußern:

So lad' ich über tausend tausend Jahre,

Sie wiederum vor diesen Stuhl. Da wird

Ein weisrer Mann auf diesem Stuhle sitzen,

Als ich; und sprechen. Geht! – So sagte der

Bescheidne Richter.

SALADIN.   Gott! Gott!

NATHAN.   Saladin,

Wenn du dich fühlest, dieser weisere

Versprochne Mann zu sein:...

SALADIN (der auf ihn zustürzt, und seine Hand ergreift, die er bis zu Ende nicht mehr wieder fahren läßt).

Ich Staub? Ich Nichts?

O Gott!

NATHAN.   Was ist dir, Sultan?

SALADIN.   Nathan, lieber Nathan!-

Die tausend tausend Jahre deines Richters

Sind noch nicht um. – Sein Richterstuhl ist nicht

Der meine. – Geh! – Geh! - Aber sei mein Freund.“

Gotthold Ephraim Lessing, *Nathan der Weise*. Dritter Aufzug, Siebter Auftritt.

Zitiert nach Gotthold Ephraim Lessing, Werke in drei Bänden, Verlag Carl Hanser, München-Wien 1982, Band I, pp 666- 669

Candide oder der Optimismus

Voltaire 1758

„ „Sie müssen ein großes Gut haben", sagte Candide zu dem Türken.-„Es sind nur zwanzig Morgen, erwiderte dieser, „und ich bebaue sie zusammen mit meinen Kindern. Die Arbeit hält drei große Übel von uns fern: die Langeweile, das Laster und die Not." Auf dem Heimweg nach seiner Meierei stellte Candide tiefsinnige Betrachtungen über das Gespräch mit dem Türken an. „Ich glaube", sagte er zu Pangloß und Martin, „dieser gute Alte hat sich ein Los gewählt, das dem der sechs Könige, mit denen zu speisen wir die Ehre hatten, bei weitem vorzuziehen ist.-„Größe ist stets gefährlich", dozierte Pangloß, „alle Philosophen bezeugen das. Denn schließlich wurde Eglon, der König der Moabiter, von Ehud ermordet. Absalom wurde an den Haaren aufgehängt und von drei Speeren durchbohrt; König Nadab, Jerobeams Sohn, wurde von Baesa erschlagen; König Elah wurde von Simri, Ahasja von Jehu, Athalia von Jojada getötet, und die Könige Jojakim, Jojachin, Zedekra gerieten in Sklaverei, Sie wissen, wie Krösus endete, und auf welche Art Astyages, Darius, Dionys von Syrakus, Pyrrhus, Perseus, Hannibal, Jugurtha, Ariovist, Cäsar, Pompejus, Nero, Otho, Vitellius, Domitian, Richard III, Maria Stuart, Karl I, die drei Heinriche von Frankreich und Kaiser Heinrich IV. Sie wissen..."-„Ich weiß auch", fiel ihm Candide ins Wort, „dass wir unseren Garten bestellen müssen." -„Sie haben recht", meinte Pangloß; „denn als der Mensch in den Garten Eden gesetzt wurde, geschah es ut operaretur cum – auf dass er ihn bebaue. Das beweist also, dass der Mensch nicht geschaffen wurde, um sich auszuruhen."-„Arbeiten wir also ohne viel zu grübeln", sagte Martin, „das ist das einzige Mittel, um das Leben erträglich zu machen.

Die kleine Gesellschaft war sich in dieser lobenswerten Absicht vollkommen einig. Jeder ging daran, seine besonderen Talente nutzbringend anzuwenden, und das kleine Gut brachte viel ein. Kunigunde war zwar recht hässlich, aber sie verstand es ausgezeichnet, Kuchen zu backen; Paquette stickte, und die Alte kümmerte sich um die Wäsche. Selbst Bruder Giroflée machte sich nützlich. Er war ein sehr tüchtiger Tischler und wurde sogar ein rechtschaffener Mensch. Manchmal sagte Pangloß zu Candide: „In dieser besten aller Welten sind alle Geschehnisse eng miteinander verknüpft. Denn wären Sie nicht wegen Ihrer Liebe zu Fräulein Kunigunde mit wuchtigen Fußtritten in den Hintern aus einem schönen Schloß verjagt worden und nicht in die Hände der Inquisition geraten, hätten Sie bicht Amerika zu Fuß durchwandert, dem Baron einen tüchtigen Degenstich versetzt und nicht alle Ihre Hammel aus dem schönen Lande Eldorado verloren – dann würden Sie jetzt nicht hier kandierte Zedratfrüchte und Pistazien essen.!- „Sehr richtig", gab Candide zu, „aber wir müssen unsern Garten bestellen." „

Voltaire, *Candide oder der Optimismus. Dreißigstes Kapitel.* Paris 1758/1759, Insel Verlag 1972 pp177-184

Kofi Annan, Amartya Sen, Richard v. Weizsäcker u.a.,
Neubewertung des Begriffs „Feind". (2001)

„...kann der Determinismus nur noch von jenen ins Feld geführt werden, die zu faul oder, schlimmer noch, zu feige sind, für ihre Kinder einen Neuanfang zu wagen."

Zu Beginn des 21. Jh versammelte Kofi Annan, damaliger UN-Generalsekretär, eine Gruppe von 19 Persönlichkeiten aus verschiedenen Weltreligionen und -kulturen, um über Grundlagen einer gemeinsamen Zukunftsperspektive nachzudenken und ihre Gedanken zu Papier zu bringen. Ihr gehörten u. a. Amartya Sen (indischer Nobelpreisträger für Wirtschaftswissenschaften, Nadine Gordimer (südafrikanische Literatur-Nobelpreisträgerin), Richard von Weizsäcker (vormaliger deutscher Bundespräsident), Hans Küng (schweizerischer Theologe und Philosoph, Berater des Zweiten Vatikanischen Konzils, Autor des *Projekt Weltethos* und Stifter der gleichnamigen Stiftung), Javad Zaraf (damaliger iranischer Außenminister), Song Jian (vormaliger Vizeministerpräsident und Vorsitzender der Chinesischen Kommission für Wissenschaft und Technik) und Prinz El Hassan bin Talal (Jordanier, damals Vorsitzender des Club of Rome) an.

Brücken in die Zukunft erschien 2001, in dem von der UN-Generalversammlung auf Initiative des damaligen Präsidenten der Islamischen Republik Iran, Seyed Mohammed Chatami ausgerufenen „Jahr des Dialogs der Kulturen".

Ibid Drittes Kapitel, *Ein neues Paradigma für globale Beziehungen/ Die Elemente des neuen Paradigmas/*

175

Neubewertung des Begriffs ‚Feind‘ :

„Die sich abzeichnen Bedrohungen des internationalen Systems, wie immer sie definieren wollen, haben zu erheblichen Teilen bereits die Art und Weise beeinflusst, wie viele den ‚Feind‘ sehen. Es wäre vielleicht vermessen, hier ein Paradigma der internationalen Beziehungen zu umreißen, bei dem der Begriff ‚Feind‘ keine Rolle mehr spielt. Wir müssen einräumen, dass wir bislang kaum irgendwelche Führungspersönlichkeiten hatten, die ohne Feindbild herrschen konnten, denn der ‚Feind‘ ist zunächst ist zunächst und vor allem ein Werkzeug der Macht. Natürlich haben wir im Verlauf der letzten fünfzig Jahre spektakuläre Veränderungen erlebt, zumindest in einigen Teilen der Welt; sie haben gezeigt, wie wir von einem feindseligen Umgang miteinander zu einem freundschaftlichen gelangen können. Europa, das jahrhundertelang in Kriegen ausblutete und von der sogenannten Erbfeindschaft zwischen Frankreich und Deutschland geprägt war, hat eine Wandlung durchgemacht, die noch vor fünfzig Jahren unvorstellbar war. Die Länder Westeuropas sind nicht nur von der Konfrontation zur Kooperation übergegangen und haben eine Allianz gebildet, es ist ihnen auch eine Integration der Werte, Ökonomien, Finanzen und sogar der Politik gelungen, was die feindseligen Beziehungen der Vergangenheit heute undenkbar macht. Zugleich ist signifikant, dass jene westeuropäischen Strukturen und Institutionen, wenn auch abgeändert, anderen Staatengruppen wie erst kürzlich Mitgliedern der Afrikanischen Union als Beispiel diente.

Einige mögen meinen, dass der Übergang von einer Gesellschaft, der der Begriff des Feindes inhärent ist, zu einer ‚feindlosen‘ Gesellschaft selbst aus idealistischer Sicht ein zu großer Sprung wäre. Doch der Realität der Globalisierung und die Sehnsucht nach einem Dialog kann die Tür zu einer Neubewertung des Feind-

Konzepts und zur Definition eines neuen Feindbilds öffnen.

Die oben umrissenen Bedrohungen gelten in unterschiedlichem Ausmaß für jede Gesellschaft, jede Kultur, in jedem Winkel der Erde. Sie sind nicht die Besonderheit einer bestimmten Nation, einer bestimmten Kultur oder irgendeines bestimmten Volkes. Vielleicht sollten wir nicht länger von individuellen Feinden individueller Länder reden, sondern von *einem* Feind mit vielen Gesichtern. Ansteckende Krankheiten, Massenvernichtungswaffen, die ungehinderte Verbreitung von Handfeuerwaffen oder die Armut repräsentieren alle unterschiedliche Facetten eines ‚Feindes' der gesamten menschlichen Spezies. In einem neuen Paradigma, das auf der Realität gemeinsamer Bedrohungen für die gesamte menschliche Gemeinschaft basiert, ist der wahre ‚Feind' nicht länger ein Individuum, ein Staat, eine Kultur oder eine Religion, und schon gar nicht ist er ein spezifischer ‚Feind' für ein spezifisches Land oder Volk. Wenn es einen gemeinsamen Feind gibt, folgt daraus, dass seine Bekämpfung einmütiges Handeln erfordert.

Die erkennbare und erkannte Notwendigkeit eines gemeinsamen Kampfes aller Mitglieder der internationalen Gemeinschaft gegen jede dieser Bedrohungen stärkt weiter die Position, dass auch noch die schwächsten Mitglieder dieser Gemeinschaft für die Allianz für den Kampf gewonnen werden müssen. Wenn ein erfolgreicher Dialog ein Prozess ist, in dem Vielfalt nicht länger als Bedrohung wahrgenommen wird, folgt daraus, dass er eine der wichtigsten Begründungen des Begriffs ‚Feind' an sich unterminieren kann. Unvermeidlicherweise wurde nämlich die gesamte Geschichte hindurch der ‚Feind' mit dem ‚Anderen' gleichgesetzt, mit dem, ‚was verschieden ist'. In erheblichem Umfang hatte das auch mit der Ignoranz hinsichtlich der Anderen zu tun.

Den Dialog auf das Konzept der Vielfalt auszurichten, stellt daher eine Bedrohung für jene dar, die ihre Daseinsberechtigung aus der Existenz eines ‚Feindes' beziehen. Es ist sehr wahrscheinlich, dass wir unter den Gegnern des Dialogs jene finden werden, die einen Feind dämonisieren müssen, anstatt rationale Argumente oder positive Anreize zur Durchsetzung berechtigter Interessen vorzubringen. Von solchen Zentren der Macht und der Einflussnahme erwarten wir kein Verständnis für den Dialog, denn der Dialog selbst und der Verzicht, Vielfalt als Bedrohung zu sehen, würden die Macht unterminieren, die sie zusammenhält. In gewisser Hinsicht wäre dies ein Test, um zwischen jenen zu unterscheiden, die sich zum Dialog nur mit Worten bekennen, und jenen, die ihn durch ihre Taten fördern; zwischen jenen, die einen Feind brauchen, um das darstellen zu können, was sie sind, und jenen, die einfach darstellen, was sie an Rationalität und positiven Werten zu bieten haben. Traditionell wurde der Begriff ‚Feind' als Bedrohung unserer unmittelbaren Existenz interpretiert. In eine Zeit der wechselseitigen Abhängigkeiten – und trotz des 11. September 2001 – ist es wahrscheinlicher, dass der ‚Feind' nicht jemand ist, der die Macht hat, uns zu zerstören, sondern jemand, der ein Wettbewerber oder Gegenspieler sein kann. Genau betrachtet, treffen die Ausdrücke ‚Feind' und ‚Krieg' nur in seiner marginalen Zahl von Fällen zu, bei denen sie sich auf Extremsituationen beziehen. Wenn wir beispielsweise über Beziehungen zwischen Ländern sprechen, verwenden wir viel eher Ausdrücke wie ‚Konkurrent', Gegenspieler' und 'Widersacher', also Worte, die nicht die Drohung der existenziellen Auslöschung implizieren. In einigen Fällen sind ehemalige Feinde zu Mitbewerbern geworden, und in anderen wurden sie gar zu echten Partnern. Auf dem Gebiet der Ökonomie begegnen wir kaum noch dem Begriff ‚Feind', des Öfteren aber dem ‚Wettbewerber' oder ‚Konkurrenten'. Auf gesellschaftlicher

Ebene sind wir vom Begriff des Klassenfeindes zu dem des Interessenvertreters (*stakeholder*) übergegangen, worunter nicht unbedingt Anteilseigner (*shareholder*) zu verstehen sind. In den letzten paar Jahren wurden sogar Kriege zwischen Ländern geführt, die ihre Gegner nicht als ‚Feind' bezeichneten.

Wir sprechen hier jedoch nicht von einem Wandel der Terminologie, wahrscheinlich werden wir Zeugen einer ziemlich unbewussten Akzeptanz, dass der totale ‚Feind' immer schwieriger zu identifizieren ist. Ja, es gibt noch immer jene, die in der Lage sind, ihn in physischen und zeitlichen Dimensionen zu definieren. Und es trifft auch zu, dass wir alle im letzten Jahrzehnt beobachten konnten, wie neue Feinde erfunden wurden. Können wir es als ‚ethischen Konflikt' bezeichnen, wenn sich Individuen bekämpfen, die am Tag zuvor noch im selben Viertel zusammenlebten, ja, untereinander heirateten? Haben wir es hier nicht mit der ‚Erfindung eines Feindes'? Solche Fälle haben sich, extrem wie sie sind, tief in unser Gedächtnis eingegraben, zugleich trifft aber auch zu, dass gemessen an ihrer Zahl derjenigen, die kämpfen, gegen Plagen wie Krankheiten, Drogenmissbrauch oder Kriminalität, als derjenigen, die tatsächlich in bewaffneten Auseinandersetzungen mit dem ‚Feind' von gestern involviert sind.

Der Bequemlichkeit eines Feindbildes beraubt, versuchen einige Menschen noch immer, Feinde zu erfinden, und der neueste scheint die Globalisierung zu sein. Gewiss, die Globalisierung wird von manchen als Bedrohung nicht ihrer physischen Existenz, sondern einer menschlichen Solidarität begriffen, die keine Grenze kennt, und die sich viele, nicht nur auf sozialem und ökonomischem Gebiet, sondern auch in den Bereichen Umwelt, Ethik und Medizin, auf die Fahnen geschrieben haben. Viele kommen gut mit einer Realität zurecht, in der es Wettbewerb gibt, aber keine Feindschaft, in der es Wettbewerb gibt, in der es verschiedene Interessen gibt, aber keine Feindschaft. Es gibt aber auch jene, die noch verlangen. Sie fordern menschliche Solidarität jenseits aller ökonomischen Regeln, lokaler Interessen und sogar globaler Interessen – und über diese hinaus. Menschliche Solidarität ist wahrscheinlich auf einer Ebene oberhalb von Partnerschaft anzusiedeln, denn sie finden ihre Rechtfertigung und ihre Ambitionen gerade in der Vorstellung der Zusammengehörigkeit der gesamten menschlichen Spezies.

In gewisser Weise gehören jene, die heutzutage in den Augen vieler die weltweite Globalisierung repräsentieren (die Institutionen von Bretton Woods, die multinationalen Unternehmen, die Führer der mächtigsten Staaten), genauso wie jene, die auf die Straßen gehen, um zu protestieren wann immer die erstgenannten sich versammeln, nicht zwei verschiedenen Wochen an, noch nicht einmal zwei verschieden Sphären; sie sind vielmehr Teil derselben Entwicklung, die vom Konzept ‚Feind‘ wegführt.

Die Vorsitzenden der Institutionen, die Chefs der Unternehmen und die politischen Führer bevorzugen weitgehend eine Welt, in der es keinen Feind gibt; denn sie sind die Ersten, die dem Begriff des Wettbewerbers oder Gegenspielers oder Partners gegenüber dem Feind den Vorzug geben. Sie stehen in vorderster Front der Globalisierung, die als das neue System interpretiert wird. Die dagegen Protestierenden, die horizontalen Allianzen von NGOs und Individuen, die sich in Seattle und Prag, in Stockholm und Genua und so weiter getroffen haben, sind auch gegen das Konzept des ‚Feindes‘. Sie gehen nur schneller vor und weiter; sie vertreten die Ansicht - solange sie nicht in irgendeinen neuen Protektionismus verfallen und somit wieder Ausgrenzung fordern -, dazu Wettbewerb nicht ausreicht und dass dazu mehr nötig ist, um ‚Feindlosigkeit' zu erreichen; denn menschlicher Solidarität kann in ihren Augen nicht allein durch Wettbewerb genüge getan werden. Anscheinend wollen die Gegner der Globalisierung sagen, dass Wettbewerb noch immer ein gewisses Maß an Feindschaft, wenn auch unter anderem Namen, impliziert. Und daher ist er mit ihrer ultimativen Forderung nach menschlicher Solidarität nicht zu vereinbaren, der einzigen Form von ‚feindloser' Gesellschaft, nach der sie nach bestem Wissen trachten können.

In Wirklichkeit ist es nicht die menschliche Solidarität, es ist das Verlangen nach Gleichheit, nach Fairness, nach Gerechtigkeit, die der institutionalisierten Welt, öffentlich oder privat, ins Gesicht geschleudert worden ist. All dies ereignet sich in der Folgezeit – oder in einigen Fällen in einer Übergangsphase – von einer Ära, in der der Begriff ‚Feind' so populär war, zu einer anderen, in der der Begriff verblassen wird. Selbst wenn die Institutionen und die institutionalisierte Welt in Bewegung kommen, werden sie langsamer vorankommen, als es der jüngeren Generation gefällt, soviel steht fest. Institutionen und die institutionalisierte Welt sind Produkte einer vorangegangenen Generation; die neue will verständlicherweise mehr. Die Befürworter der Globalisierung und jene, die sie oberflächlich betrachtet zu bekämpfen scheinen, gehören derselben neuen Ära an, die sich dem Begriff ‚Feind' verweigert und sich irgendwo zwischen Gegner, Wettbewerber, Partner und menschlicher Solidarität bewegt. Sie decken ein sehr breites Spektrum ab, doch sie befinden sich auf derselben Seite der Barrikade – auf derjenigen, wo wir begonnen haben, einen qualitativen Schritt in die Richtung zu machen, Vielfalt bicht mehr als Bedrohung wahrzunehmen.

Es wäre natürlich zu früh zu behaupten, dass wir das Stadium des

Regierens ohne Feind erreicht hätten, denn in vielen Gesellschaften ist das noch nicht passiert. Wahr ist aber auch, dass in vielen anderen der Feind von gestern der Partner von heute geworden ist. Grenzüberschreitende horizontale Kooperationen auf der Ebene der Zivilgesellschaft und auf der Basis gemeinsamer Interessen wie des gesunden Menschenverstands hat Gruppen zusammengebracht, die in transnationaler Zusammenarbeit eine bessere Lösung sieht als in nur nationaler Zusammenarbeit. Der Erfolg regionaler Kooperationen, mögen sie nun kommerziellen, sachlichen oder Sicherheitszwecken dienen, hat es für viele akzeptierbar gemacht, dass dies Zusammenarbeit mit den Nachbarn einen Wert an sich darstellt. Natürlich gibt es Ausnahmen, und die wird es weiterhin geben. Die Zusammenarbeit mit Nachbarn hat in unterschiedlichem Ausmaß von Europa über Südostasien bis nach Lateinamerika Erfolge gezeitigt. Im Verlauf solcher Prozesse wurde im Denken vieler die Vorstellung eliminiert, dass unser Nachbar potenziell ein Feind ist; stattdessen hat sich die Idee verfestigt, dass der Feind ein potenzieller Partner ist.

Das Motto des alten Paradigmas, nach dem Allianzen wechseln, die Interessen von Staaten aber nicht, scheint immer weniger Gewicht zu haben, je mehr sich die wechselseitigen Abhängigkeiten vertiefen und je mehr Gruppen und Menschen nicht nur die Zusammenarbeit mit dem eigenen Nachbarn als segensreich betrachten, sondern auch horizontale Kooperationen mit ähnlichen Gruppen in verschiedenen, mehr oder weniger weit entfernten Ländern. Dass es NGOs für Umwelt, Menschenrechte, Frauenfragen und menschliche Solidarität gibt, stellt das Denken in Feindbildern und die Notwendigkeit eines Feindes weiter in Frage – ja sogar, ob es überhaupt klug ist, einen Feind zu haben.

In vielen Ländern der Welt würde es jungen Menschen schwerfallen, rasch die Frage zu beantworten: ‚Wer ist dein Feind?‘ Natürlich gibt es auch hier Ausnahmen, und sie alle sind uns bewusst, doch wir können nicht länger sagen, dass ein Mensch morgens aufwacht und genau weiß, wer sein Feind ist. Wie wir oben umrissen haben, hat sich in vielen Fällen die Art und Weise der Bedrohung gewandelt, und sie wird nicht länger durch eine Person, einen Staat, eine Religion oder eine Rasse verkörpert. Diese qualitative Entwicklung bei der Neudefinition der Bedrohung ist der erste Schritt in Richtung auf eine Gesellschaft, in der das klassische Konzept des ‚Feindes‘ ernstlich untergraben ist.

Mittels eines ‚Feindes‘ zu regieren ist zwar am leichtesten, doch in einer Welt, in der Autarkie oder nationale Selbstversorgung Synonyme für Armut geworden sind, erkennt man vielleicht deutlicher, dass wir uns auf eine neue Art von Regierungsform zubewegen. Wir sind vielleicht noch weit davon entfernt, auf globaler Ebene die menschliche Solidarität zur Leitlinie des Regierens zu machen, doch wir haben schon wichtige Schritte in dieser Richtung hinter uns. Die Zivilgesellschaft hat kreuz und quer um die ganze Welt Individuen mit denselben Anliegen über Grenzen vielerlei Art hinweg miteinander verbunden. Dass wir angesichts von Terrorismus und überwältigender Natur- und Umweltgefahren unsere eigene Verwundbarkeit erkannt haben, hat uns vielleicht geholfen, das Bedürfnis nach einem Feind zu überwinden. Vielleicht hat der Fortschritt des Wissens noch viel mehr Menschen aus der Isolation der Ignoranz befreit, aus der sich schon immer die Angst und dementsprechend auch die Wahrnehmung von Feinden gespeist haben.

Im Verlauf unseres Lebens haben wir nicht nur gesehen, wie alte Feinde sich aussöhnen und in einigen Fällen Partner wurden, in anderen zu Verbündeten, wir haben auch erfahren, dass es möglich ist, den Ballast der Geschichte abzuwerfen und, was am meisten überrascht, sich in einem Prozess die Hand zu reichen, bei dem nicht nur der Feind neu definiert, sondern bei dem ihm auch vergeben wird. Diese Beispiele sind umso wichtiger, als damit etwas erreicht wurde, das in der Vergangenheit sicherlich viele als unmöglich betrachtet hätten, weil das ‚noch niemand geschafft hat‘. Das Unmögliche daran war, einen historischen ‚Feind‘ in den ‚Partner‘ oder sogar ‚Alliierten‘ von heute zu transformieren.

Solche Beispiele beweisen nicht nur, dass Länder fähig sind, über sich hinauszuwachsen, sondern zugleich auch, und das ist wichtiger, dass ihre Völker zeigen können, dass sogar das erreicht werden kann, was noch nie zuvor geschafft wurde. Bei unseren Gesprächen tauchten zwei solch Fälle häufiger auf als andere: die historische Feindschaft zwischen Frankreich und Deutschland, die heutzutage nicht nur in eine Partnerschaft uns Allianz, sondern in Freundschaft verwandelt ist, sowie die Südafrikanische Wahrheits- und Versöhnungskommission. Weitere Fälle könnte man hier anführen wie beispielsweise das neue Verhältnis zwischen Vietnam und den Vereinigten Staaten. Nicht nur wurde dabei der ‚Feind‘ neu definiert, sondern diese Beispiele, und das ist am wichtigsten, bewiesen auch, dass die Geschichte sich noch immer ändern kann und sich nicht wiederholen muss. Wer darauf insistiert, den Kehrreim des unveränderlichen Charakters der menschlichen Natur, der unveränderlichen Interessen von Staaten und des Hasses der Völker über die Generationen hinweg zu wiederholen, dem wurde von der Realität das Gegenteil bewiesen – dank der Taten jener, die an die Möglichkeit glaubten, zu schaffen, was noch niemand geschafft hat. Das ist die Welt, in der wir heute leben, und der

Grund, warum wir Mut, Zuspruch und Optimismus finden. Trotz der vielen gegenteiligen Beispiele beweisen die Ereignisse von heute, dass der Hass, der Jahrtausende der Freundschaft begründete, wirklich aus der Welt geschafft werden kann und dass der historische Determinismus nur noch von jenen ins Feld geführt werden kann, die zu faul oder, schlimmer noch, zu feige sind, um für ihre Kinder einen Neuanfang zu wagen.

Wir haben also guten Grund zu der Annahme, dass ein neues Paradigma sich realistischerweise darauf gründen kann, dass das Konzept des Feindes in das des Wettbewerbs, vielleicht Freundes transformiert wird. Es ist an der Zeit, eines zu akzeptieren: Wenn in der menschlichen Gesellschaft etwas nicht geschafft wird, dann liegt das daran, dass wir es nicht tun wollen oder dass die Generation, deren Auftrag es wäre, schlicht und einfach unfähig ist, es zu tun. Und dann müssen wir akzeptieren, dass wir versagt haben; doch die nach uns Kommenden können dort Erfolg haben, wo wir keinen hatten. Das Versagen der einen Generation heißt nicht, dass auch zukünftige Generationen versagen, auch wenn das bequem für jene wäre, die nicht daran glauben. Für die Dickschädel, die am Konzept des Feindes festhalten, gibt es vielleicht einen Trost: Ja, es gibt noch immer viele, die die Geschichte und die menschliche Natur als Rechtfertigung für ihre Feindschaft missbrauchen; ja, es stimmt, es fällt schwer, eine Zeit abzusehen, da wir vom ‚Regieren durch einen Feind' zum ‚Regieren durch menschliche Solidarität' fortgeschritten sind. Vielleicht können wir jene Dickschädel nur auffordern, ganz genau und gründlich hinzusehen; und wenn sie um jeden Preis einen Feind wollen, den die nächste Generation bekämpfen kann, müssen sie vielleicht nicht allzu weit gehen: Es ist ihre Unfähigkeit, die Wahrnehmung von Vielfalt als Bedrohung zu transzendieren . Intoleranz ist es, die sie bekämpfen müssten. Ist

Intoleranz ‚der letzte Feind des 21. Jahrhunderts'?

Kofi Annan, Richard von Weizsäcker, Hans Küng, u.a., aus: Brücken in die Zukunft. Fischer Verlag 2001, pp 128- 139 (Original *Crossing the Divide. Dialogue among Civilisations.* 2001 School of Diplomacy and International Relations, New Jersey)

Joseph Prabhu

Konferenzpapier Humanity: An Endangered Idea?", Claremont
21.-23. February 2019

Inter-Being: Humanity in an Ecological Age

What a piece of work is a man!

How noble in reason, how infinite in faculty!

In form and moving, how express and admirable!

In action how like an angel, in apprehension how
like a god!

The beauty of the world. The paragon of animals

And yet to me, What is this quintessence of dust?

(*Hamlet*, Act 2, Scene 2)

Thus, Shakespeare in *Hamlet,* as the latter explains some of the sources of his melancholy to his friends Rosenkranz and Guildenstern. But as we know, our lives and circumstances have changed dramatically since the year 1600 CE, the time around which Shakespeare is reputed to have written these lines. The "nobility of reason" and "infinity in faculty" have taken rather more disturbing directions and the challenge today is what correctives need to be provided.

The theme of this conference is "Humanity: An Endangered Idea?" In answer to the question posed by the title, I have a complex response: On the one hand, it is true that humanity is endangered via the four-fold challenges outlined in the topic description of the conference; but, on the other hand, these challenges acquire a different focus when seen through the lens of the notion of the "anthropocene" made familiar in ecological literature—the idea that much of the danger to both natural and social ecologies comes from human activity and decisions, which in turn are driven by human hubris. This hubris makes humans more endangering than endangered, at least in any straightforward sense of endangerment. We are living with a modern Prometheanism, where the role of Zeus is in part being played by the environment. Global warming and climate change are indicating the dangers of human overreach, even as we humans have thus far remained rather oblivious of the eagles plucking at our livers. Seen through the lens of the anthropocene, it is the endangering aspect of humanity that appears to me at least as important as the "endangered" one. And through both aspects there runs a common thread—the twin syndromes of anthropocentrism and human overreach.

To counter that I propose an attitude and an ethic of Reverence for Life. The notion of reverence carries with it feelings of profound awe and respect, and such feelings stand at the opposite end of transactional attitudes and utilitarian modes of life, where we know the price of everything but not the value of things. Anthropocentrism is not, of course, logically or inevitably tied to an utilitarian ethic, and what Max Weber called instrumental rationality, but the transactional modes of life of modernity are nonetheless closely associated with them. By sharp contrast, we have Kant telling us in *The Critique of Practical Reason:* "Two things fill the mind with ever new and increasing admiration and awe, the oftener and the most steadily we reflect on them, the starry heavens above and the moral law within." And it is no accident that Kant is a philosopher of finitude and of limits.

I want to argue in this paper that we need to recover an ethic of Reverence for Life, an ethic that has largely been lost at a time when the cult of technique is provided its logical extension in such characteristic works as that of Ray Kurzweil, *The Singularity is Near: When Humans Transcend Biology* (2005). There are other works that have succeeded Kurzweil's, such as Nick Bostrom, *Superintelligence: Paths, Dangers, Strategies* (2014) and Max Tegmark, *Life 3.0: Being Human in the Age of Artificial Intelligence* (2017), among a vast number of such books in what is now a huge industry. It is not my purpose to comment on any length on such works beyond a brief remark or two that sketches their general line of argument. The main idea in this context is indicated in the very titles of such books. Artificial intelligence and computational prowess will allow us to transcend the limits of human biology as we know them. Not only will we be able to overcome some of the barriers posed by illness and old age, but artificial intelligence will even allow us to transcend death as we have come to know it. Kurzweil posits that the exponential growth of artificial intelligence will grant us immortality of a sort. Those of us who carelessly might have missed, or might still miss, the Rapture brought to us by apocalyptic eschatologists might still be able to enjoy a secular version of it thanks to the Singulitarians. If Ingolf Dalferth had only spent more time at MIT with Ray Kurzweil, we might not be here at all discussing endangerment, but might instead have been taken up into the Rapture.

But as we are here, let me take this occasion not only for refusing the Singulitarian invitation, but also for issuing a spirited repudiation of the gestalt underlying such thinking. Such repudiation usually takes a moral-phenomenological form: we are living increasingly in an age of machines and machine-intelligence, an age when the human world, as we have hitherto known it, is seriously disrupted. Of course, the human world is also an historical world. The world of horse-drawn carriages and letters written by hand and sent through the postal service is obviously far removed from the world of the internet and email. So, some technological changes significantly shift our sense of what we normatively consider to be "human." The so-called "friends" we make on FaceBook differ in depth and meaning from classical definitions of friendship, which point to a concern for the good or the well-being of the other. Likewise, there are significant social changes that shift standards of normativity. We must not forget that the framers of the U.S. Declaration of Independence, who spoke of all men being equal and of possessing certain unalienable rights, were themselves for the most part slave holders. To this one must also add the vast differences across cultures regarding what counts as "human." For example, certain caste-practices that are sanctioned by a time-honored caste system in India like the treatment of widows might well be judged to be inhuman in other cultural contexts.

So, if one grants these considerable historical and cultural normative changes in what it means to be human, the question becomes whether the recent changes wrought by artificial intelligence (hereafter AI) and robotics represent a change in degree or a change in kind. Another of Ray Kurzweil's books is called *The Age of Spiritual Machines: When Computers Exceed Human Intelligence* (2000). A "spiritual" machine is not only one that has greater memory capacity and computational ability than humans, but is also said to have a "personality," such that one can have relationships with it. Not only that: these machines are also, a la Kurzweil, able to be our teachers, friends, and lovers. So, all lonely hearts can now have new hope. Have we with these "spiritual machines" moved into a wholly new phase of human existence where machines have now become are new gods?

My short and direct answer to that question is "yes:" I do believe that this age of AI will transform our lives and indeed it has already done so to a great extent. At many dinner tables these days, people are too busy looking at their smart phones to bother to have a real (in contrast to virtual) conversation, and indeed those whose express their disapproval of such a state of affairs are looked at by the phone addicts with equal measures of incomprehension and disgust. At one elite university here in Southern California—the University of Southern California—students are being taught the art of conversation, a privilege for which parents pay handsomely.

In one of the last articles that the late well-known neurologist Oliver Sacks wrote before he died in 2015, in a poignant complaint about the dehumanizing world of cell phones and virtual reality, he laments the loss of a social world of interpersonal contact and "the complete disappearance of the old civilities." Here is an extract:

> Much of this, remarkably, was envisaged by E. M. Forster in his 1909 story "The Machine Stops," in which he imagined a future where people live underground in isolated cells, never seeing one another and communicating only by audio and visual devices. In this world, original thought and direct observation are discouraged—"Beware of first-hand ideas!" people are told. Humanity has been overtaken by "the Machine," which provides all comfort and meets all needs—except the need for human contact. One young man, Kuno, pleads with his mother via a Skype-like technology, "I want to see you not through the Machine...I want to speak to you not through the wearisome Machine."
>
> He says to his mother, who is absorbed in her hectic, meaningless life, "we have lost the sense of space...We have lost a part of ourselves...Cannot you see...that it is we that are dying, and that down here the only thing that really lives is the Machine?" [1]

As philosophers and students of religion it is not enough,

however, merely to describe some of the deleterious effects of the age of AI and to register our regret. Accordingly, I shall respond in a two-fold manner: (1) By providing a sketchy diagnosis of what philosophically is a very complex problem; and (2) By proferring what I hope is a constructive proposal.

SECTION 1

What Heidegger called "the question concerning technology" is philosophically a complex matter. Like Heidegger I could go back to Plato and talk about *Seinsvergessenheit,* the forgetfulness of Being. But I have only 40 minutes. I think a more promising prospect in this context is to invoke Max Weber and his distinction between *Zweckrationalitaet* (purposive rationality) and *Wertrationalitaet* (ethical, value-laden rationality). Weber's actual classification of the different types of rationality is more variegated, but this contrast is the relevant one for my purposes. Instrumental rationality (or purposive rationality in Weber's terminology) is means-ends rationality, concerned with the most efficient means for achieving a given end without the end itself being evaluated in terms of some non-instrumental criterion, like the good or the right. Ethical, value-laden rationality, by contrast, is concerned precisely with the good, the right, or the useful, and it is significant that Weber, unlike emotivists or other ethical subjectivists, believed that moral questions could be rationally debated. In some ways, Weber's distinction is analogous but not identical to the fact/value distinction.

Weber's notion of instrumental rationality is reworked in a different form by Max Horkheimer and Theodor Adorno in their famous text, *The Dialectic of Enlightenment*. Once again, as in the case of my mention of Weber, I am drawing very selectively on a complex text. Adorno and Horkheimer argue that under the influence of market capitalism and the commodification of culture, robust notions of reason structured toward autonomy and freedom, have become reified and made into an instrument of technocracy. The power of critical reason oriented toward freedom from authority and freedom for autonomy has become subverted into a new form of instrumental reason geared toward serving market forces. Horkheimer and Adorno were concerned in that text, and in much of the work of the early Frankfurt School, in explaining the rise both of fascism in Europe and of state socialism in the Soviet Union, analyses which are beyond the scope of this paper.

I draw selectively on Weber and then on Horkheimer and Adorno merely to situate my argument. There are three essential points I wish to make: (1) The sociological current of instrumental rationality feeds a contemporary positivism where facts are separated from values; (2) This positivism is particularly noticeable in modern culture and in the social sciences which both reflect and are reflected by it; and (3) This positivism and the value-free stance it embodies encourages a "can implies ought" mentality, the reverse of the Kantian dictum that "ought implies can." Let me make brief comments about each of the three points.

No more dramatic an illustration of the spread of instrumental rationality is provided in contemporary life than the dominance of economic thinking and calculation over increasing areas of social life-- from politics to education to health. The recent strike waged by the teachers of the Los Angeles public school system was for higher wages to keep up with the cost of living, for smaller classes, and for more supported services. It is a sad state of affairs when schools are drastically short of nurses and basic medical care, and their teachers have to provide classroom supplies from paper to pencils from their own pockets, and where parents have to pay for janitorial services. The main reason for the lack of funds to finance the second-largest public school system in the country serving some 700,000 students is the passing of Proposition 13, which drastically cut the property taxes that provides the revenue base for public schools, and no alternative source of funding has been democratically arrived at. The consequences of that short-sighted proposition could have been foreseen and alternatives could have been provided-- if the matter of public schooling had been given due importance. But this is a reflection of the social preferences and political priorities of a democratic polity.

One knows as well about the dire state of medical care and health insurance in the USA that has been only partly mitigated by the recent passage of the Affordable Care Act, which itself took years of public advocacy to bring to fruition, and which is now again under attack. The greed of insurance and pharmaceutical companies and other vested interests has been allowed to jeopardize the health and well-being of millions of people.

The true measure of this prioritization of market forces, and economic calculation more broadly, has been well described by the economist and philosopher E. F. Schumacher:

In the marketplace, for practical reasons, innumerable qualitative distinctions which are of vital importance to man and society are suppressed . . . . Thus the reign of quantity celebrates its greatest triumphs in 'The Market.' Everything is equated with everything else. To equate things means to give them a price and thus to make them exchangeable. To the extent that economic thinking is based on the market, it takes the sacredness out of life, because there can be nothing sacred in something that has a price. Not surprisingly, therefore, if economic thinking pervades the whole of society, even simple non-economic values like beauty, health or cleanliness can survive only if they prove to be 'economic'...What is worse, and destructive, of civilization, is the pretense that everything had a price or, in other words, that money is the highest of all values. [2]

No academic science is more illustrative of this turn to instrumental rationality, combined with the valorization of money, as the science of economics. Karl Polanyi has convincingly shown how exceptional the modern industrial world is in human history with regard to the separation of the economic from other aspects of life, and its emphasis on the unique predominance of the market and its ethos, from the late eighteenth century to the present. The history of economics

201

reveals that until then, even when the scope of economic concerns was limited to material well-being, the latter was itself seen as part of a wider context of happiness or human flourishing [3]. In its self-understanding, economics, together with politics and ethics, was until the early part of the twentieth century considered one of the *moral* sciences, not just in the sense of having moral dimensions or implications, but more importantly as issuing from moral premises and being assessed in terms of moral criteria like value or utility.

Indeed, the very word "economics" comes from two Greek words, *oikos* (household) and *nomos* (law or rule). Aristotle relates the law and running of the household to a hierarchy of goods, those sought for their own sake, and those sought as means to other goods. The "master science" for Aristotle is politics, "for it is the one which uses the other sciences concerned with action and moreover legislates what must be done and what avoided." It follows for Aristotle that the good which politics seeks is the highest social good, "for while it is satisfactory to acquire and preserve the good, even for an individual, it is finer and more divine to acquire and preserve it for a people and for cities." The science of economics having the production and distribution of wealth as its immediate end is linked up with other sciences involving more basic goods. "The money-maker's life is in a way forced on him [not chosen for itself]: and clearly wealth is not the good we are seeking, since it is [merely] useful for some other end" [4]. Economics for Aristotle relates closely to the study of ethics and politics, and is concerned with the good which is both instrumental and, axiologically, at the lower end of the hierarchy of goods culminating in what he considers the highest good.

To the extent to which economics in recent times has wished to shore up its scientific status, it has done so by attempting to disavow its moral and political elements and by modeling itself on the natural sciences with an increased emphasis on mathematical and quantitative methods. At the same time, the scope of economics is reduced to those aspects of behavior that are quantifiable. Confining myself for the moment to Western societies, it is easy to see how the stress on quantification has gone along with the acceptance of the marketplace.

These illustrations from the spread of economic values in recent social life and the transformation of economics as a science are meant to point to the main normative thesis I wish to make in this section: We have abandoned the eternal verities of the true, the good, and the beautiful for the profitable, the convenient, and the (falsely) powerful. And we do this because of what I am calling "positivism," the tendency to go along with what our science and technology make possible, without the constraints and orientation provided by genuine moral values. Compare these two definitions of economics, and economic life, one by the famous twentieth century economist, Lionel Robbins, and the other by the late nineteenth century art historian and political economist John Ruskin, and one can see the prevalence and spread of positivism. Lionel Robbins: "Economics is the science which studies human behavior as a relationship between ends and scarce means, which have alternative uses." John Ruskin: "There is no wealth but Life. Life including all its powers of love, of joy, and of admiration. That country is richest which nourishes the greatest number of noble and happy human beings; that man is richest who, having perfected the functions of his life to the utmost, has also the widest helpful influence both personal, and by means of his possessions, over the lives of others." Contrast the utilitarian and instrumental-rational nature of Robbins's definition with the moral-aesthetic one provided by Ruskin.

This positivist context is the one where AI and the world of "spiritual machines" operate. It encourages an inversion of the Kantian deontological dictum that "ought implies can" to "can

205

implies ought." Of course, this latter "ought" is not a moral but a pragmatic "ought" and the implication is not a strict implication. Nonetheless, "can implies ought" with these qualifications expresses the ethos of the world within which AI operates and thrives. We can clone; therefore, we should clone. We can "transcend death" a la Ray Kurzweil; therefore, we should do so. It is obvious, however, that this is a false implication and faulty logic.

This completes the diagnostic part of my argument, and I want to shift now to my constructive proposal. But before I come to the actual proposal, let me summarize the main direction of my argument thus far so as to contextualize the remaining portion of the paper. I have been making three main claims: (1) That the world of AI is indicative and a symptom of a modern Prometheanism, a hubris that has had deleterious effects, especially on the environment. The term "anthropocene" is a code-word for this syndrome; (2) One significant form in which this hubris has expressed itself is in instrumental rationality that sees life in terms of its use rather than its value. This accounts for the preponderance of economic and transactional thinking in our time; and (3) Instrumental rationality in turn promotes a "can implies "ought," where the particular "ought" in question is a pragmatic or Promethean "ought" rather than a moral one. In this climate commercial, technological, and military considerations run far ahead of and outweigh moral deliberation and judgment.

Mention of military considerations brings up a parallel to the computer and AI, as far as technological achievements are concerned. The parallel is the case provided by the development of atomic and hydrogen bombs starting with the Manhattan Project located at Los Alamos, New Mexico in the early 1940's. Robert Oppenheimer, the brilliant physicist who led a team of outstanding scientists (including Einstein) in this project, was successful in accomplishing this particular task. But as someone who also had occasional ethical scruples, he knew he was morally responsible for leading a research program that ended not only with the dropping of atomic bombs on Hiroshima and Nagasaki in August 1945 but, as serious, with helping to set off a nuclear-arms race whose dire consequences are still with us some 70 years later. In a talk to an university audience in 1946, Oppenheimer told his listeners that when the Manhattan Project team looked back on what it had done, "we thought of the legend of Prometheus, of the deep sense of guilt in man's new powers that reflects his recognition of evil and his long knowledge of it." [5]

SECTION 2

My constructive proposal comes out of work I have been doing for some time now at the Institute for Ecological Civilization based here in Claremont, and charged with developing and promoting a long-term research program concerned with how social, political, economic, and scientific-technological life should be reorganized so as to achieve the goal of a sustainable ecological society. It had its origins in a highly successful conference held here in Claremont in June 2015, organized by the theologian John Cobb and a large international team of co-organizers focused on the theme: "Seizing an Alternative: Toward an Ecological Civilization." It drew some 2000 people from around the world, including 5 or 6 from the Politburo of the Chinese Communist party and other high-level government functionaries. It is obviously beyond the scope of this presentation to go into any detailed description of the project beyond pointing out that in talking of an entire civilization, it is aiming at a radically new organization of society grounded in a new way of viewing life and its organizing principles. It is in that sense, for example, that we talk of an industrial civilization. Some idea of the scope of the project may be provided by indicating that it is very much in accord with the thinking and the vision set out in Pope Francis's June 2015 encyclical, *Laudato Si': On Care For Our Common Home*, which has a similar ambition for a sustainable ecological society.

Seen from the perspective of such a research program, I approach the topic of this conference with a single leading question: What vision of humanity and of human beings is most conducive to, and supportive of, an ecological civilization?

To get from the diagnostic or critical part of my paper to this constructive section, I am simply assuming what has been quite convincingly demonstrated in the scientific literature: namely, that it is human activity and policies which have been largely responsible for the mass extinction of many plant and animal species, the pollution of the air and oceans, and climate change more generally—among other lasting impacts. This represents yet another area of human overreach with a similar hubris underlying it as in the case of the development of AI, but now with great harm done both to the environment and to many human communities, especially from the global South.

In an influential article in 1967 entitled "The Historical Roots of Our Ecologic Crisis," the historian Lynn White Jr. laid the blame for our environmental crisis largely on Christianity with its account of creation and anthropocentric world-view both of which legitimize human insensitivity and indifference to the natural world and our consequent exploitation of nature. But precisely because the roots of the crisis are religious in nature, the solution must also be "essentially religious, whether we call it that or not." He concludes his essay thus: "We must rethink and re-feel our nature and destiny. The profoundly religious, but heretical, sense of the primitive Franciscans for the spiritual autonomy of all parts of nature may point a direction. I propose (St.) Francis as a patron saint for ecologists.

Some 50 years later, Pope Francis has heeded Lynn White's call for an "alternative Christian view" along Franciscan lines that might ground and empower a healthy natural and social ecology. He writes, "We urgently need a humanism capable of bringing together the different fields of knowledge, including economics, in the service of a more integral and integrating vision. Today, the analysis of environmental problems cannot be separated from the analysis of human, family, work related and urban contexts, nor from how individuals relate to themselves, which leads in turn to how they relate to others and to the environment." [6]

There is a tendency at times to see the environmental crisis as a largely scientific-technological one having to do with reliance on different forms of energy, and questions of poverty and inequalities of power and wealth, by contrast, as a largely socio-political crisis. The Pope shows clearly the error of this way of thinking and demonstrates how both the social and environmental crises are inextricably linked and are part of one complex problem. This perception is clearer to a person from the

Southern hemisphere, because much of the extraction of oil, gas and coal, and much of the deforestation required to feed modern industries have come either from the South or from areas previously under colonial control. In particular, it is important to see how a rapacious capitalist economic system, which relies on the accentuation of desire and on consumerist lifestyles for its profits, drives the relentless extraction of resources and the exploitation of the earth, which most severely affect the poor.

If then one accepts that human activity and policies in this ecological area also have been misguided, I want, in line with the civilizational motif alluded to earlier, to address a single thematic question: What revisions in our idea of humanity do we need to support and promote a sustainable ecological society? And it is to that question I now turn in the concluding portion of my paper and introduce the idea of "Inter-being" that features in the title of this paper.

The notion of "inter-being" comes from the Vietnamese Buddhist monk Thich Nhat Hanh, the founder of the Plum Village Monastery and the Order of Interbeing in the Dordogne area of southwest France. The term is an elaboration of two key ideas taken from the Madhyamika Buddhist tradition—the related notions of *emptiness* (*sunyata*), and *dependent co-origination* (*pratityasamutpada*). Madhyamika philosophy, especially by propounded by Nagarjuna, its most prominent thinker, posits the primacy of relations over entities. Entities come into being because of relationships, which are themselves always in flux. The entity called Joseph Prabhu, who is standing before you, is an ensemble of relations—biological, social, and environmental— that takes a particular spatio-temporal form and is given a socially recognized name. He does not, however, exist as a permanent, independent, substantial self. Nor is he, on the other hand, non-existent. In spite of my earlier invocation of *Hamlet*, what you are seeing in front of you as the main speaker of this particular session is real, not a ghost. But he does not possess permanent, independent, substantial selfhood. Western philosophers might be acquainted with this notion of the non-self through David Hume, although Hume does not give the same ontological prominence to relations and relationality as Nagarjuna does. The doctrine of dependent co-origination spells out the chain of multi-directional relationality. Ontologically speaking, this is a significant set of ideas because it shifts out focus from entities to the relations that bring them into being and constitute them.

Inter-being thus refers to the fact that we are, precisely because of these relationships and interdependencies. We thus inter-are. More generally, inter-being refers to the interconnected nature of all reality.

The Indo-Spanish thinker Raimon Panikkar has taken this formal structure and given it specific content in terms of the metaphysical notion of "cosmotheandrism." For Panikkar the

Cosmic, the Divine, and the Human are three interconnected dimensions of reality: the Cosmic points to the objectifiable, material dimension; the Human, the objectifying dimension; and the Divine, the infinite, the "always more" dimension that provides both depth and dynamism to the whole unified structure. These three dimensions do not stand on their own as independent entities but exist only in co-constitutive relationality. As Panikkar puts it

> There is no matter without spirit and no spirit without matter, no World without Man, no God without the universe, etc. God, Man, and World are three artificially substantivized forms of the three primordial adjectives that describe Reality. [7]

Panikkar has expounded and elaborated on this metaphysical picture at some length in his Gifford Lectures published as *The Rhythm of Being: The Unbroken Trinity* (2010), but in this context two features are particularly noteworthy.

First, when one considers human beings not as abstract independent entities, but as processes within and in relation to the Cosmic and the Divine and other humans, the focus shifts from independent existence to existence-in-relation-to. As I composed this essay, I do so not as an isolated individual but as the locus of a vast number of relations and forces that are concretized in me— from my parents, teachers, friends, and occasional detractors (yes, they too!), to the air I breathe, the computer that converts my thoughts into printed text, to my body, and the medical personnel who have looked after me. And from a more cosmic perspective, one may look at reality as a vast net, composed of individual knots, each vital to what the Indian tradition calls *lokasamagraha*, the maintenance of the world. Consciousness of this ontological interconnection, on the one hand, reinforces one's sense of responsibility for world-maintenance, and, on the other, evokes a deep sense of gratitude for all the forces human, divine, and cosmic that keep me and all living beings in existence. And moving beyond the personal level to the political, one can immediately see the falsity of "American First" and other chauvinistic nationalisms that strive to isolate human communities from one another. Rather, as Martin Luther King, Jr. eloquently expressed it: "We are tied together in a single garment of destiny, caught in an inescapable network of mutuality. Whatever affects one directly, affects all indirectly...I can never be what I ought to be until you are what you ought to be."

Second, existing-in-relation-to carries the implication of an active, participative attitude. World-maintenance is not a spectator sport. Nor is "maintenance" to be understood in a static sense, but rather in a dynamic one of new being and new creation. Panikkar has an original, "grammatical" way of expressing this interaction:

> The Divine Mystery is the ultimate *am* of everything. Yet we also experience the *art* and the *is*. This is the

cosmotheandric experience: the
undivided experience of the pronouns
simultaneously. Without the Divine, we
cannot say *I*; without Consciousness
we cannot say *Thou*; and without the
World, we cannot say *it*. The "three"
pronouns, however, are not three; they
belong together. They are pro-nouns, or
rather pro-noun; they stand for the
same (unnameable) noun. The noun
"is" only in the pronouns. [8]

How does this cosmotheandric picture measure up against

the thematic question I posed at the beginning of this section?

And how does it provide a corrective to the anthropocentrism,

and associated Prometheanism, which I critiqued in the first

section?

To start with, it should be obvious that this cosmotheandric

account strongly refutes anthropocentrism. Humanity and human

beings do not have their center in themselves, but only in relation

to the Divine and the Cosmic. This is a very serious revision.

Centuries of philosophical and theological tradition in the West

have been built around a false and profoundly misleading idea of
humanity as encapsulated both in the quote from *Hamlet* with
which I began this essay, and also in this famous passage from
Psalm 8 of the Bible:

> What is man, that thou are
> mindful of him? And the son of
> man, that thou visitest him?
>
> For thou hast made him a little
> lower than the angels and
> crowned him with glory and
> honor.
>
> Thou hast made him to have
> dominion over the works of thy
> hands; thou hast put all things
> under his feet.
>
> [King James Version]

For all the poetry of the psalm, I would argue, together with many
others, that the consequences of taking it to be true and normative
in our own day and time are disastrous. One may, of course, make

a historical case for the psalmic account—as necessary, perhaps,

to give humans a sense of their God-given dignity and power. Whatever its historical justification, however, given that we are talking about the present and the future, this is, I repeat, a damaging self-image of humanity at this moment of history. What I am trying to do in this paper is to point us in a different direction and in doing so, I am joining the chorus of many who are alive to our urgent ecological responsibilities.

Nor is this new "interconnected" picture that I have drawn in any way deflationary. Our dignity as a human species is not tied up with being "unique" understood as standing apart and above from the rest of the created world. I have tried to spell out some of the deleterious consequences of what the notion of "having dominion" has brought with it. The new self-image I am proposing is much more egalitarian rather than hierarchical, as in the old picture with God on top, humans below, and the non-human world still further down the chain of being. We are partners with the earth and other living beings in world-maintenance. Of course, we humans possess the gifts of reason, conscience, moral choice, and intentional action, but these gifts are shared to different degrees with other animals, and it is high time for us to discover and honor these shared gifts in other creative beings.

What this means concretely is learning the "language" of the natural world in non-anthropomorphic terms. Bird song, animal communication, the alphabet of trees—all operate at a different level and in a different register from human languages. And it is important for us humans to listen to them and heed them. All true listening requires an inner silence, a self-emptying of human concerns and preoccupations in order truly to listen and to learn. It is an interesting coincidence that the words "listen" and "silent" are anagrams of each other.

The same goes to listening to and talking about the divine. Much theology is disguised anthropology, as Ludwig Feuerbach appointed out long ago—a projection of human concerns, fears, anxieties, and desires onto God. If that premise is accepted, then Feuerbach's—and Marx's—challenge to theology still stands. Take back the projections, clear away the mystifications, and operate with a robust humanism. But Feuerbach's premise does not have to be accepted, and much recent French phenomenology of religion from Marion to Nancy to Falque is centered around notions of "grace" and "gift," and inverts the Feuerbachian challenge. It is not so much a question of our regarding God or the Divine, but the reverse: of our being regarded and viewed by God, the irregardable.

All told, my hope is that the radical shift in human self-image from dominators and controllers of the non-human world to a partnership with it, points to a new ethic of Reverence for Life. Reverence for Life is the attitude proposed more than 70 years ago by Albert Schweitzer, today a much-forgotten figure, and when remembered at all, reviled as being a racist and colonialist. There is, however, much wisdom in Schweitzer's ethic and it is well conveyed by his close friend, the Dutch doctor and artist Frederick Franck:

> Reverence for life implies the insight, the empathy, and compassion mark the maturation of the human inner process, and that implies overcoming the spilt between thinking and feeling that is the bane of our scientism and the idolization of technology that distances— estranges—us form all emotional and ethical constraints. This same distancing, the objectification of the unobjectifiable is characteristic of all Realpolitik, racism, ethnic cleansing, cruelty, and exploitation of the other by political, racial---egos...including that free-market mentality for which all that is, is looked upon as mere raw material-for-profit even if it ruins our species and our earth for generations to come. [9]

What I have tried to do in the second section of this paper is to provide the lineaments of a Reverence for Life founded on a cosmotheandric basis, where the Divine, the Human, and the Cosmic join together in reverence of and care for our planet, our common home.

End Notes

1. Oliver Sacks, "The Machine Stops," in *The New Yorker*, February 11, 2019, 29

2. E. F. Schumacher, *Small is Beautiful: Economics as if People Mattered*, 1973. San Francisco: Harper & Row, 43-44.

3. Karl Polanyi, *The Great Transformation*, 2nd ed., 2001. Boston: Beacon Press.

4. Aristotle, *Nichomachean Ethics,*Trans. by Terene Irwin, 1985. Indianapolis: Hackett Publishing Company, Sections 1.2-1.43.

5. C. Thorpe, *Oppenheimer: The Tragic Intellect*, 2006. Chicago: University of Chicago Press.

6. Pope Francis, *Laudato Si': On Care for Our Common Home*, 2015.

London: Catholic Truth Society, paragraph 141.

7. R. Panikkar, "Philosophy as Life Style," in *Philosophers in their Own Words*, 1978. Berne: Peter Lang, 206.

8. R. Panikkar, *The Rhythm of Being: The Unbroken Trinity*, 2010. Maryknoll, NY: Orbis Books, 191.

9. Frederick Frank, ed., *What Does it Mean to Be Human?*, 2000. New York: St. Martin's Press, 5.

Joseph Prabhu

Nachwort

Das Internationale Komitee vom Roten Kreuz (IKRK)

„Das Rote Kreuz ist eines der ältesten Markenzeichen der Welt, vermutlich bekannter als Coca Cola, und man wird keinem Durstigen mit der Behauptung zu nahe treten, dass seine Wirkung segensreicher war als die aller Erfrischungsgetränke. Kein Marketingexperte hat das Emblem erfunden. Niemand hätte sich vor eineinhalb Jahrhunderten träumen lassen, dass aus dem Treffen einiger Genfer Honoratioren eine Institution hervorgehen würde, wie sie die Geschichte der Menschheit nie zuvor gekannt hat", so Hans Magnus Enzensberger. (*Krieger ohne Waffen. Das internationale Rote Kreuz.* 2001)

Henri Dunant, Genfer Kaufmann, war angesichts der Gräuel der Schlacht von Solferino, 1859, Ideengeber und Initiator der Ersten Genfer Konvention zum Umgang mit Kombattanten , zum Schutz der Verwundeten, Kriegsgefangenen und der Zivilbevölkerungen: „Die Generäle der kriegsführenden Mächte haben die Aufgabe, die Einwohner von dem an ihre Menschlichkeit ergehenden Rufe und der daraus sich ergebenden Neutralität in Kenntnis zu setzen." (Art. 5, 2)

Die Genfer Konvention aus 1864 wurde bis heute mehrfach ergänzt (1899, 1906, 1907, 1927); mit wenigen Ausnahmen sind heute alle Staaten Signatare der Genfer Rotkreuz-Abkommen aus 1949 und ihrer Zusatzprotokolle; die „Genfer Konvention" ist Teil des humanitären Völkerrechts, einklagbar am Internationalen Strafgerichtshof in Den Haag.

Zwischen den „kämpfenden Epochen" (Adorno), in den kriegerischen Konflikten der Welt, halten Mitarbeiter und Mitarbeiterinnen des Internationalen Komitees vom Roten Kreuz die Idee bedingungsloser Humanität unter schwierigsten Bedingungen lebendig. Ihnen gilt dieses Nachwort.

Pablo Picasso, *Der Krieg*. 1952, Detail

Schloßkapelle Vallauris

Foto: Adelheid Garg

229

Quellennachweis

Konfuzius, *Aus den Lehren des Mong Dsi.* In: Richard Reschka (Hg.), *Das gute Leben. Glücksregeln der Religionen.* Herder Verlag, Freiburg i. Br. , 2011

Ashoka, *Pillar Edicts, Rock Edicts.* in: Colleen Taylor Sen, *Ashoka and the Maury Dynastie: the History and Legacy of Ancient India's Greatest Empire.* Reaktion Books Ltd., London 2022

Publius Ovidius Naso, *Metamorphosen, VIII, Philemon und Baucis.* Insel Verlag, Frankfurt am Main 1990

Die Bergpredigt, Matthäus 5-7

Magnificat, Lukas 1, 46-55

Mohandas K. Gandhi, *Satyagraha-Normen, Ahimsa.* In: Richard Rescka (Hg.), *Das gute Leben. Glücksregeln der Religionen.* Herder Verlag, Freiburg im Breisgau, 2011

ders., *Autobiography.* The Story of My Experiments with Truth. Dover Publications, Inc. New York,1983

,Ali Ahmed Sa id Annemarie Schimmel, in: *Nimm eine Rose und nenne sie Lieder. Poesie der islamischen Völker.* Insel Verlag, Frankfurt a. M.,1995

José Saramago, *Von Frieden und von Krieg.* In: *Über die Liebe und das Meer.* Gedichte. Verlag Hoffmann und Campe, Hamburg, 2011

Nelly Sachs, *Chor der unsichtbaren Dinge/ Chöre nach Mitternacht.* In: dies., *Eli / In den Wohnungen des Todes/ Sternenverdunklung.* Suhrkamp Verlag, Frankfurt am Main, 1966

Der Westphälische Friede. Zitat-Quelle: Internet-Portal Westfälische Geschichte/ Titel: Münsterscher Friedensvertrag (Instrumentum Pacis Monasteriensis, IPM Volltext

Abbé Castel de Saint-Pierre, *Projet Pour la Paix Perpétuelle en Europe. Tome I. Premier Discours 10-14.* Chez Antoine Schoutten, Marchand Libraire M.DCC.XIII. in: nb.info/1074162676

Matthias Claudius, *Kriegslied.* 1774. In: *Matthias Claudius. Sämtliche Werke des Wandsbecker Boten.* S.Fischer Verlag Berlin, Pantheon Ausgabe in 3 Bänden, 1. Bd.

Immanuel Kant, *Zum ewigen Frieden. 1795.* AA VIII 341-386

Achille Mbembe, *Kritik der schwarzen Vernunft.* Suhrkamp Verlag Berlin, 2019, TB Wissenschaft 2205; Originalausgabe: *Critique de la raison nègre.* Édition La Découverte, Paris, 2013

Nelson Rolihlahla Mandela, *A Long Walk to Freedom.* Abacus, London 1995; Erstveröffentlichung: Little, Brown and Company, London,1994

UN- *Universal Declaration of Human Rights.* GA Res. 217 (A), New York, December 10, 1948

UN-*Charter*, San Francisco, June 26, 1945

Europäische Konvention zum Schutz der Menschenrechte. Sraßburg,4. November 1950

Charta der Grundrechte der Europäischen Union. 18.12.2000

OAU – Charter. Addia Ababa, May 25 1963

African Charter on Human and Peoples' Rights. https://au.int.-files-treaties

Thaddeus Metz, *Auf dem Weg zu einer Afrikanischen*

Moraltheorie. In: Franziska Dübgen und Stefan Skupien (Hg.), *Afrikanische Politische Philosophie. Postkoloniale Positionen.* Suhrkamp Verlag, Berlin, 2015, TB Wissenschaft 2143,

Desmond Tutu, *God has a dream. Doubleday, London, 2004*

Mogobe Bernard Ramose, *Den Kosmopolitismus transzendieren.* In: *Afrikanische Politische Philosophie. Postkoloniale Positionen.* ibid

Wilhelm von Humboldt, *Über den Dualis.* GS VI: 25-27; *Über den Charakter Griechen, die idealische und historische Ansicht desselben.* GS VII:609-613

Herbert Scurla, *Wilhelm von Humboldt. Werden und Wirken.* Verlag Claassen, Düsseldorf, 1976

Sir Karl Popper, *Duldsamkeit und intellektuelle Verantwortlichkeit (gestohlen von Xenophanes und von Voltaire).* In: ders., *Auf der Suche nach einer besseren Welt. Vorträge und Aufsätze aus dreißig Jahren.* Serie Piper, München 1987

Gotthold Ephraim Lessing, *Nathan der Weise/ Ringparabel* Gesammelte Werke. Paul Rilla (Hg.). Carl Hanser Verlag, 1968

Voltaire, *Candide oder der Optimismus.* 1758, Insel Verlag 1972

Kofi Annan, Amartya Sen, Richard von Weizsäcker u.a, *Brücken in die Zukunft.* Fischer Verlag, 2001; Originalausgabe: *Crossing the Divide. Dialogue Among Civilizations.* Seton Hall Univ. South Orange, New Jersey, 2001

Joseph Prabhu, *Inter-Being: Humanity in an Ecological Age.* Konferenzpapier: *Humanity: An Endangered Idea?* Claremont, Februar 21-23, 2019

Hans Magnus Enzensberger (Hg), *Krieger ohne Waffen. Das internationale Komitee vom Roten Kreuz.* Eichborn Verlag, Frankfurt am Main ,2001

Fresken von Ambrogio Lorenzetti, Sala della Pace, Palazzo Pubblico, Siena: Bildquelle Wikimedia Commons

Pablo Picasso, *Der Krieg.* 1952, Detail. Schloßkapelle Vallauris; Foto: Adelheid Garg

Ashoka- Pillar mit Löwen - Kapitell, Kamala Nehru-Park in Mumbai- Bildquelle: Wikimedia Commons

Ashokas Gesandte errichten ein Pillar Edict in Tulaudya Nandagrah. 244 v. Chr. Bildquelle: Wikimedia Commons